Rolf Hochhuth

Was vorhaben muß man

Aphorismen

Mit einem Nachwort von
Uta Ranke-Heinemann

Rowohlt

Auswahl Thomas Überhoff

2. Auflage November 2012
Copyright © 2012 by Rowohlt Verlag GmbH,
Reinbek bei Hamburg
Alle Rechte vorbehalten
Bildnachweis für die Zeichnungen von Adolph von Menzel:
bpk – Bildagentur für Kunst, Kultur und Geschichte, Berlin
Frontispiz Ursula Euler 1996
Satz aus der Minion Pro PostScript bei
Pinkuin Satz und Datentechnik, Berlin
Druck und Bindung CPI – Ebner & Spiegel, Ulm
Printed in Germany
ISBN 978 3 498 03003 2

«Was vorhaben muß man.»

Dieses Stimulans erhält mehr Gewicht, wenn seine praktische Nütz-
lichkeit bewiesen wird; Fontane war schon sechzig, als er seinem Verleger schrieb: «Ich fange erst an. Nichts liegt hinter mir, alles vor mir.»
Ob sein Vorsatz, mit sechzig das Wesentliche erst noch zu leisten, ihm
geholfen hat, dazu tatsächlich alt genug zu werden? Und produktiv zu
bleiben? Ich bin geneigt, das zu bejahen. Sein international Bekanntes:
Effi Briest, schrieb er mit fünfundsiebzig …

Rolf Hochhuth

Inhalt

Privat

Adolph von Menzel, Verlassener Pflug

Wer nur normal, ist schon genormt.

Mit vierzehn konfirmiert, mit dreißig konformiert.

Der Mensch – der Irrationale: Seit wie vielen Jahrtausenden gibt es Gepäck, seit wie vielen Räder? Doch *warum* kam er erst 1970 Jahre nach Christus auf den banalsten aller Einfälle – zehn Jahre zuvor hatte ein Amerikaner bereits den Mond betreten! –, Gepäck und Räder zusammenzuspannen zum Ziehkoffer? Rätselhaft, das Simpelste, das Genialste – *gleichzeitig*!

Der Stänkerer am Tisch, der nie fehlt, widerspricht: «Gab doch Gepäckträger!» Da schon als Hausbesitzer geboren, kam ihm nie der Gedanke, daß höchstens 0,01 Promille sich je Gepäckträger leisten konnten. Was abermals die Einsicht von Marx belegt: «Unser gesellschaftliches Sein bestimmt unser Bewußtsein.» *Der* Schlüssel zu den Menschen!

Das elfte Gebot: Du sollst nicht *schweigen*!

Nur zwei Menschenarten: Die eine achtet Gesetze – die andre *macht* sie. Doch souverän sind nur jene Einzelgänger, die sich sagen: Würde man die Gesetze achten, bliebe einem keine Zeit, sie zu ignorieren. Und nicht darüber reden, sondern das stillschweigend *tun*.

Gerichte sind nicht sehr teuer – doch ruinös die Rechnungen der eigenen Anwälte.

Systematisiertes langweilt wie Lehrbücher. Leben, das mir diese Erfahrungen zutrug, hat auch kein System.

Um wie vieles erleichterter sind Freunde und Verwandte, müssen wir ihnen von unseren Mißerfolgen (oder denen unserer Kinder) berichten, als wenn sie sehen, wir sind vorübergehend im Glück.

Wo man sich am sichersten fühlt, ist man am verletzlichsten.

Frauen wollen alles! Sind sie auch meist gescheiter als Partner, in der Liebe sind sie absolutistisch. Da bekam er sie zwar im Handumdrehn, trotzdem redet sie sich ein, es sei denkbar, daß er ihretwegen sich von Frau und drei Kindern scheiden läßt … Während er sich natürlich längst im Illegalen behaglich eingerichtet hat. Wie möglich, daß gerade *gescheite* Frauen aberwitzig glauben können, was sie nur hoffen? Hundertmal haben sie beobachtet, daß ein Mann sich entweder *sofort* von seiner Familie trennt oder nie.

Das bißchen Selbstdisziplin, ab 23 Uhr zu schlafen und niemals solche Lektüre, die an die Tagesarbeit erinnert, mitzunehmen ins Bett, ist die Voraussetzung, daß sich das intelligente russische Sprichwort auch an uns als wahr erweist: «Der Morgen ist klüger als der Abend.» Thomas Mann sagte: «Vormittags, wenn ich meine Einfälle habe!»

Schade, daß man von den Müttern der Titanen – außer vom größten: Churchill – so wenig weiß. Es gab keinen extraordinären Mann ohne extraordinäre Mutter. Wie aufschlußreich, kennte man die Michelangelos! Schopenhauer, dank seiner bedeutenden Mutter, die er gehaßt hat, weil sie im Gegensatz zu ihm viele Leser fand, geht bis zur Vermutung, die Mutter vererbe den Intellekt, der Vater nur «den Willen», also den Trieb.

Sich in Häusliches einmischen gehört nicht zum Gastrecht.

Zufall – gibt es den? Benn hat mehrmals Balzac zitiert: «Es gibt Existenzen, in die greift der Zufall nicht ein.»

Aus seiner Sommerfrische schrieb am 16. 9. 1885 Fontane seiner Frau: «Anno 72 war das mein Hauptspaziergang und … die Stelle, wo ich das Einleitungsgedicht zu *Havelland* schrieb … Ja, das sind nun 13 Jahre. Was ist nach abermals 13 Jahren?» Dreizehn Jahre später starb Fontane: am 20. 9. 1898. Er hatte einen Brief an seine Frau geschrieben, sagte seiner Tochter, er bringe ihn zur Post, ging ins Schlafzimmer, seinen Mantel holen – kam nicht wieder; als die Tochter eintrat, lag Fontane, den Brief in der Hand, auf dem Bett, Mantel an, tot. Und wie beginnt der Brief? «Meine liebe Frau. Dies sind nun also die letzten Zeilen. Übermorgen kommst Du ja.» Ja, zu seiner Beerdigung.

Spätere Formulierungen desselben Tatbestands sind meist schwächer als die frühen. Wissen, das man jahrelang mit sich trägt, wird zu versöhnlich, zu beschwichtigend. Man hat sich so sehr daran gewöhnt, im Nebenmann einen Schurken zu sehen, daß man's ihm nicht mehr sagt; ja, es selbst verdrängt hat.

Nicht nur der Volksmund weiß: Inzucht – üblich bei allen Kleinstädtern, solange es keine Autos gab und ein Göttinger keinem Mädchen aus Kassel den Hof machen konnte, besaß er nicht ein Pferd – lasse die Töchter aus solchen Verbindungen ungeschädigt; die Söhne dagegen seien allemal vor Frauen willenlose Flaschen.

Muß ich leider bestätigen, da es auch mich betrifft. Väterlicherseits Großeltern: Vetter und Cousine 1. Grades. Mütterlicherseits: ein Urgroßvater Vetter der Urgroßmutter ersten Grades. Schon auf der ersten Seite seiner Erinnerungen, *Geschichten eines alten Österreichers*, bestätigt Fürst Clary-Aldringen, Hochzeiten unter nahen Verwandten hätten auch in seiner Familie alle Männer so untüchtig gemacht, daß kein Gatte, kein Sohn, kein Bruder *nicht* von Frau oder Mutter absolut beherrscht worden sei, lebenslänglich.

Oft sehen wir in Personen, in Dingen weniger *sie* als uns.

«Vergessen» Frauen etwas in unserem Bad? Oder wollen sie anderen signalisieren: Hier bade auch *ich*!

Geizige fragen den Gast, ob sie ihm was zu essen machen sollen.

Tennisspieler wissen, sie verderben den nächsten Schlag, wenn sie noch an den soeben mißlungenen denken. Mentales bringt nur Vorteile, wenn es nicht verunsichert, weil ablenkt.

Sich selbst und seine Nächsten kennt keiner, bevor er mit ihnen gemeinsam geerbt hat.

Wer den eigenen Weg geht, den kann niemand überholen.

Frauen sind instinktsicherer, intelligenter, die Arbeit ihrer Männer zu vermarkten, als die selbst; auch ehrgeiziger.

Verleihe nur so viel Geld, wie du verschenken willst.

Das Unmögliche angehn – um das Mögliche zu erreichen.

Existentiell, aufregen kann allein, was der Spiegel einer Bedrohung ist, die auch uns droht.

Wer noch Pläne hat, wohnt nicht mehr unter den Verlorenen.

Psychologen sind Menschen, die dank ihres Studiums und ihrer Praxis sich total dagegen immunisiert haben, sich selbst fragwürdig zu finden.

Wer auf die Knie fällt, fällt auch auf die Stirn.

Warum Reiseberichte ermüden, bald langweilen: Wir erfahren zu wenig über die *Menschen*, die dort «eingeborenen», die uns doch fast allein auch im Ausland interessieren, nicht aber welche Kirche oder Fabrik dort liegt, gemäß dem Goethe-Satz: «Das eigentliche Studium des Menschen ist der Mensch.»

Leopardinnen, belehrt mich einer der höchst eindrucksvollen Tierfilme, die sogar das Fernsehen rechtfertigen, verstoßen nach zwanzig Monaten ihre weiblichen Jungen, auch aus erotischer Rivalität: Was für ein lustiger Beleg für die längst fällige Komödie: Mütter und Töchter! Dazu auch Flake: «Um die Frauen zu kennen, muß man sie als Schwiegermütter erlebt haben.»

Die lohnendste Korruption ist die legalisierte, die man zum Beispiel Beratervertrag oder Prokura nennt. Auch die risikofreie.

In Familien geht alles verloren, nicht weil ein Erbe andere beklaut, sondern weil *keiner* interessiert ist an dem, was Vorhergehende hinterlassen haben: an Notizen, Fotos und allem Sonstigen, das nicht – wie wenigstens Antiquitäten – zu Geld zu machen ist.

Für Liebende gilt, was Karl Kraus den Journalisten nachsagt: Sie machen's besser, wenn sie keine Zeit haben. Und wenn sie mit schlechtem Gewissen lieben.

Bachofens Essay, wonach die stärkste aller menschlichen Bindungen die – nicht erotisch ausgelebte – Geschwisterliebe bei den Serben sei, erweist sich dem als wahr, der mit Serben über Jahrzehnte gelebt hat; so ich mit meiner zweiten Frau und ihrem Bruder, dem Gynäkologen.

Nur der Dumme lernt aus Erfahrung; der Schlaue aus der Erfahrung anderer.

15

Kauf beim Erben, der weiß nie, was es gekostet hat – es interessiert ihn nämlich schon deshalb nicht, weil er sich *befreien* muß von dem, was seine Eltern ihm hinterlassen haben. Denn Dankesschuld ist – besonders dann, wenn sie sehr groß ist – die am eifrigsten verdrängte.

Nicht *eine* Geschichte, zum Beispiel eines Ehebruchs – sondern die Quintessenz vieler erzählen! So das Testergebnis italienischer Psychologen, die 400 untreue Männer interviewt haben: Jeder zweite hat eine Geliebte, um sich jünger zu fühlen. Vier von zehn haben «einfach» keine Freude mehr im Bett der eigenen Frau. Sechsunddreißig Prozent lassen sich von der Freundin lieber bekochen als daheim; Spaghetti alle vongole, also Venusmuscheln, ist das beliebteste Sex-Essen. Jeder zweite hat Schuldgefühle, die er abbaut, indem er als *jetzt* besonders zuvorkommender Ehegatte öfter zu Hause ist, um in der Küche zu helfen und mit Kindern und Frau etwa Ausflüge häufiger zu machen als früher; Ehen mit freiem, wenn auch geheimgehaltenem Ausgang werden viel seltener geschieden als andere. Wann testet jemand 400 untreue *Frauen*?

Nützlich, beschimpft zu werden: Nur so finden wir heraus, was der andere noch nicht von uns weiß.

Interessant wird das Leben, sobald der Mensch denkt oder tut, was, wie Spießer sagen, «sich nicht gehört».

Psychotherapeuten sind Menschen ohne Selbstironie. Wie gut begreift man Canetti: «Wäre ich Freud, ich liefe mir davon!»

Das Sprichwort der Chinesen: «Ist das Haus fertig, kommt der Tod», ergänzen Deutsche durch die ebenso häufige Lebenserfahrung: Nach jedem Umzug kommt einer oder – geht.

Warum gehen in Restaurants Frauen meist zu zweit aufs Klo? Um drei Klagen über ihre Männer loszuwerden?

Das Amt macht den Menschen – daher der Unterschied zwischen Weibchen und Männchen bei weitem nicht so bedeutungsvoll ist wie die Tatsache, ob man ein Amt hat oder keines.

Wer mit der Stirn arbeitet, entspannt nicht in Einsamkeit, sondern mit Gästen von weither, auf Reisen, mit neuen Leuten, in fremden Städten und Freunden aus ganz *anderen* Berufen.

Frauen, die Bier mit uns trinken, sind die wahren Kumpel.

Als ich einen Freund fragte, wie's dem pensionierten Soundso gehe, antwortete er: «Nun ist er wirklich alt, als ich ihn neulich traf, sprach er nur noch von seinen Ärzten.»

Kommen Damen zu Jahren, werden sie Diakonissinnen ihrer Männchen: Mann ist ohnehin ein Synonym für Pflegefall, einer der zwei Gründe, warum immerhin fünf (!) von zehn Ehen halten. Der zweite Grund: Weil nicht der Geschlechts-, sondern der *Fürsorgetrieb* der stärkste ist, wenigstens bei allen über vierzig, übrigens gleich stark in Frauen wie Männern. Für andere zu sorgen gibt wie nichts anderes dem Leben Sinn – dieser Trieb ist also *auch* egoistisch, was aber sein Ethos nicht herabsetzt. Das Defizit Freuds, den Geschlechtstrieb als den angeblich stärksten verkannt zu haben! Der Fürsorgetrieb ist der stärkere, weil er auf *Dauer* – nicht nur auf begrenzte Zeit – Macht gibt: Wen ich bemuttere, bevatere, den beherrsche ich auch. Natürlich ist die Angst, allein zu sein, der haltbarste Eheleim. Sehr Alte verlieren sogar den Selbsterhaltungstrieb, wenn gestorben ist, für wen sie sorgten, ob Mensch oder Katze.

Ekel schüttelt Frauen, erwähnen sie Frauen, in denen sie auch nur *potentiell* Rivalinnen sehen: Klassische Komödien-Monologe, vor allem, weil die Rivalität meist eine nur eingebildete ist. Männer reden genauso mörderisch dumm über *Berufs*rivalen.

Arme Ausländer, die Deutsch lernen müssen, das heißt begreifen sollen, daß wir Kosten Unkosten nennen! Und aus Wohnung und Haft *ein* Wort machen: «wohnhaft». Was hat denn Haft mit Wohnen zu tun?

Brauchen Söhne Geld, erinnern sie sich der Telefonnummer sogar ihres Vaters.

Was ist das Leben, wenn bei der Nachricht vom so überraschenden wie schmerzlosen Tod eines Menschen zuerst nicht Trauer vorherrscht, auch nicht das Bedauern: Ach, und noch so jung!, sondern Erleichterung, daß es für ihn *unmerklich* zu Ende ging?

Wir überschätzen als zeitlos, was um so rascher kein Thema mehr ist, je ernsthafter wir Mitläufer des Zeitgeistes waren! Nietzsche glaubte, er beschreibe ewig Gültiges, wenn er, nur ein Beispiel, «weibliche Keuschheit» als eine generelle mißverstand, da sie doch in seinem Viktorianischen Zeitalter und dessen terroristischem Puritanismus – als Reaktion auf das sittlich *freie* 18. Jahrhundert – nur eine den Frauen aufgezwungene war! Doch schon 70 Jahre nach Nietzsches Tod schlug für alle Frauen die Stunde ihrer erotischen Freiheit durch die Pille. Das nur gesellschaftlich statt generell Bedingte wechselt meist nach *einer* Generation; so wurden die Emanzipationsdramen Ibsens überflüssig!

Vorsicht: Größe und Böse sind «reine» Reime! Logischerweise auch: Geburt – absurd.

Die Fahrten bejahen, die man fahren muß. Im Sinne der Maxime Churchills, nicht zu tun, was man liebt, sondern zu lieben, was zu tun ist. Es bringt keine Einsicht, es lähmt und verlangsamt, sich zu sträuben oder auch nur innerlich aufzulehnen gegen das uns Auferlegte.

Ungestraft wird keiner alt.

Warum sind Menschen enttäuscht, wenn niemand ihnen zutraut, verbotene Wege zu gehen, obgleich sie mit großer Umsicht geheimhalten, daß sie die gehen?

Wenn der Geist nicht mehr nur das ist, was er *tut,* wie Hegel fordert, dann denaturiert er zum Stänkerer.

Mindestens den Männern erspart ja das Alter nie die Beschämung – und die damit verbundene *Komik.* Warum sonst macht die Bibel aktenkundig, daß König David, als ihm ein Teenager ins Bett gelegt wurde, damit er warm werde, die Sechzehnjährige nicht mehr «erkennen» konnte?

Sie benutzt seine Dienstreise, die hundertjährige Tanne vor dem Haus, den einzigen Schmuck des Grundstücks, abhacken zu lassen. Sie bereut es, sobald sie den leer-verwaisten Vorgarten und die nun bei Sonnenhitze geradezu unbrauchbaren Fenster seines Arbeitszimmers sieht. Vorsichtshalber beichtet sie ihm schon am Telefon, denn sie *weiß* jetzt, was sie ihm antat – sofern sie nicht sogar die Tanne weghakken ließ, *weil* sie das wußte! Er schreit in den Hörer: «Ja, die Tanne war krank und machte Schmutz! Ich etwa nicht?»
    Als er's in rabiater Wut fassungslos einer Freundin erzählt, sagt die mit Genugtuung lakonisch: «Und mit *der* willst du alt werden?»

Viel und gut – nie unterm gleichen Hut!

«Um zu …» Neulich in der Erzählung eines sonst gescheiten Stilisten der absurde Satz: «Er wurde nicht von den Nazis hingerichtet, dafür von den Amerikanern verhaftet!» Dieses «dafür», das Unzusammenhängendes ohne jeden Sinn miteinander verkoppelt, ist eine Sprachfalle, in die viele hineintappen. Ebenso die zweimal zwei Buchstaben: «um zu». Deutsche schreiben: Er überlebte die Entgleisung des Zuges, um zwei Jahre später an Aids zu erkranken. Nein, er überlebte das Zugunglück, um weiterzuleben. Doch machen wir diese zwei Sprachfehler deshalb so häufig, weil wir im geheimen *wünschen,* eines habe doch mit dem anderen zu tun! Denn wir sehnen uns nach Kausalität, weil wir unwürdig finden, daß nur Zufälligkeiten unser Leben bestimmen. Wir möchten, jeder einzelne von uns, ein Schicksal haben, eine Vorbestimmung. Je gefährdeter der Mensch, je drängender seine Sehnsucht nach Kausalität. Eine alte Ärztin erzählte, je schlimmer die diagnostizierte Krankheit, je häufiger die meist gänzlich unbeantwortbare Frage des Patienten: «Wieso, Frau Doktor, kriege ausgerechnet *ich* dies?»

Meinen Söhnen ins Stammbuch, aus dem klügsten Buch, das ich kenne, aus Gracians Handorakel: «Wissen *ohne Mut* ist unfruchtbar.» Schopenhauer hat diesen spanischen Mönch übersetzt. Auch dies können die Söhne hier lernen, die das ja niemals glauben würden, sagte ihnen das nur ihr Vater: daß *Hartnäckigkeit* nach Mut die zweithöchste aller Tugenden ist! Schopenhauers Meisterübersetzung lag 33 (!) Jahre bei seinem Verleger Brockhaus, ohne daß sie gedruckt wurde ... Resigniert hatte Schopenhauer sie dort liegen lassen: Resignieren darf man aber erst in der Sterbestunde. Schopenhauer hätte sie weiterhin anbieten müssen; denn es war nur Zufall, daß sein getreuer Apostel Frauenstädt zwei Jahre nach Schopenhauers Tod sie wieder auffinden und sie endlich ans Licht und zum Druck bringen konnte.

Fraglich, ob es hemmt oder beflügelt, von seinen Vorfahren viel zu wissen. Es kann keine Familie geben, die nicht auch Gescheiterte zu verzeichnen hat. Interessant ist Goethes Resümee: «Wenn Familien sich lange erhalten, so kann man bemerken, daß die Natur endlich ein Individuum hervorbringt, das die Eigenschaften seiner sämtlichen Ahnherren in sich begreift und alle bisher vereinzelten und angedeuteten Anlagen vereinigt und vollkommen ausspricht.» Goethe hat vergessen hinzuzusetzen: *manchmal.*

Macht und Wissen lähmen speziell den Verstand gerade der gerühmtesten Repräsentanten jeder Epoche. Je exemplarischer einer dem Zeitgefühl entsprach und sich auch *deshalb* so lange an der Macht hielt, weil er als solcher Repräsentant war, desto umgebungsblinder war er auch die *Kreatur* dieser Zeit. Viel Geist ist nur zu haben um den Preis, auch von der Geisteskrankheit seiner Epoche befallen zu sein; *jede* Epoche hat ihre spezifisch geistlähmenden Epidemien, im Sinne der erschreckendsten aller Einsichten Nietzsches: «Der Irrsinn ist bei Einzelnen selten, doch in Völkern und Zeitaltern die Regel!»

«Meine Großmutter kam (aber!) noch nach Theresienstadt», reden sich selbst sehr kluge Juden ein, wie die Autorin Hilde Spiel, weil sie die Wahrheit, die sie natürlich seit Jahrzehnten wissen, nicht *aushalten*: daß Theresienstadt nur eine Durchgangsstation nach Auschwitz war. Sein Tarnwort.

Der erste Blick der richtige: Ein dir nicht *sofort* Sympathischer wird nie dein Freund; oft geheim dein Widersacher.

Die Natur, gänzlich unbesorgt ums Wohl des Individuums, arbeitet zynisch auf Ausgleich: Schöne lassen sich von Unschönen heiraten, Untüchtige finden Tüchtige, die sie lebensmöglich machen. Ich traf nie einen Versager, der so blöd gewesen wäre, nicht wenigstens *die* Frau zu finden, die ihn anständig ernährte. Untüchtige sagen sich: Für einen armen Vater kann niemand etwas; doch einen armen Schwiegervater lädt nur ein Esel sich auf! Und ist dann auch so «tüchtig», reich zu heiraten; nimmt sogar zu einem guten Stück Brot ein schlechtes Stück Fleisch in Kauf.

Ich beschwere mich sagt, wer sich erleichtern will. Statistiker-Unfug: «Er*heb*lich gesenkt»!

Gattenwahl – das Grundgeheimnis: Gemeint ist nicht der Zugriff auf Partner, mit denen jemand eine Weile schlafen will, sondern der Vorsatz der Fortpflanzung. Nichts bleibt so unergründlich wie die Frage, warum *dieser* Mensch der unsrer Wahl ist. Wovon am meisten abhängt, davon wissen wir am wenigsten! Ja, hinsichtlich des Elementarsten ist unser Urteil das getrübteste: durch Liebe.

Viele Frauen weinten, sooft in der Kirche eine Priesterweihe stattfand. War ein Junge aus dem Städtchen Priester geworden, so wurde das eigens in der einzigen katholischen Kirche gefeiert. Daß auch Männer weinten, hörte ich nie; vielleicht beneideten sie *den,* der auch fortan vögeln konnte, ohne daß eine Frau ihn mit der Ehe bedrohte.

Es kann nicht überraschen, in der *Süddeutschen* zu lesen: «St. Gallen. Bereits 45 000 Unterschriften hat eine Aktionsgruppe für ihren ‹Herdenbrief der Katholiken an ihren Hirten› gesammelt, in dem die Abschaffung des Pflichtzölibats ebenso gefordert wird wie, Frauen endlich zum Priesteramt zuzulassen …»

Ein weiterer Aspekt spricht gegen das Zölibat: Die Genie-Forscher Lange-Eichbaum und Kretschmer führten den Nachweis, daß weitaus die meisten deutschen Genies Pfarrerfamilien entstammen. Gottfried Benn hat das als Nachkomme dreier und Bruder eines Pfarrers oft stolz zitiert: Hausmusik, alte Sprachen, Predigen lernen, diese Disziplinen, generationenlang eingedrillt, sind offenbar ein besonders günstiger Nährboden. Und wären das in katholischen Pfarrhäusern natürlich ebenso … Aber da nur ein Papst den naturwidrigen Terror des Zölibats abschaffen könnte – doch Papst wird einer erst dann, ist er schon so alt, daß ihm selber das Menschlichste zeitlebens «untersagt» war –, erlaubt *keiner* die Abschaffung des Zölibats; denn es hat ja auch ihm das Leben versaut.

Menschen können leichter mehreren als nur einem erotisch treu sein. Treue zu mehreren ist *dem* schmerzlich, der sie nicht praktiziert; doch haltbarer: ein Sicherheitsventil.

Alle in Zweigespannen freuen sich, behaupten aber pflichtgemäß das Gegenteil, wenn die / der andere mal verreist.

Was einer wegläßt – aufschlußreicher, als was er erwähnt.

Der Spießer ist wie mein Computer: Schreibe ich statt «ss» als altmodischer Mensch noch «ß», korrigiert er das.

Treu wie nur Tote.

Regelmäßig: Niemand geht diesem Wort auf den Grund, das eine *Warnung* ist, nur zu tun, zu denken, zu machen, was der Regel entspricht, da das immer nur *mäßig* sein kann. Nur was neu, überraschend, ungeregelt ist, kann mehr sein als bloß – mäßig.

Ernst Jünger, der hundertdrei wurde, in seiner Dankesrede an seinem Fünfundneunzigsten, er kenne einen Bauern, der noch älter sei, der aber seinem Urenkel auf die Frage: «Hast du denn keine Angst vor dem Tode?» geantwortet habe: «Doch, natürlich lese ich als erstes jeden Morgen die Todesanzeigen, aber in meinem Alter ist ja überhaupt noch keiner gestorben!»

Warum verbrannte Schopenhauers Schwester, eine alte Jungfer, die Tagebücher ihrer Mutter, die eine bedeutende Autorin war und eine so schöne Witwe, daß sie – im Unterschied zu ihrer Tochter – einen jungen Lover hatte? Die Frage beantwortet sich von selbst. Diese Journale waren vermutlich die bedeutendsten, die während der Klassik in Weimar geschrieben wurden. Als jemand Frau Schopenhauer vorhielt, wie sie es über sich bringe, die soeben von Goethe geheiratete Christiane Vulpius, die doch unmöglich sei, da sie mehrere Kinder vorehelich geboren hatte, in ihrem Salon zu empfangen, antwortete Johanna Schopenhauer: «Wem Goethe seinen Namen gibt, dem werde ich ja wohl eine Tasse Tee geben dürfen!» Niemand vermag mehr sich die terroristische Spießigkeit der

23

Biedermeier-Jahre vorzustellen: Als König Ludwig von Bayern, der Goethe einen Geburtstagsbesuch gemacht hatte, bei der Verabschiedung zu Goethes hochschwangerer Schwiegertochter bemerkte, er wünsche «Ihnen beiden!» zum Bevorstehenden alles Gute, wurde das sofort in ganz Weimar, einem bösartig verschwätzten Nest von nicht viertausend Einwohnern, als eine unerhörte Taktlosigkeit kolportiert: Der König hatte gewagt, die Schwangerschaft einer Verheirateten *wahrzunehmen*!

Fehler und Söhne. Als ich an meinem fünfundfünfzigsten Geburtstag zwei Söhnen erzählte – ein dritter war meiner Einladung nicht gefolgt: «Komme erst zu deiner Beerdigung» –, daß eine Frauenzeitschrift mir viel Honorar anbiete für einen Aufsatz: «Väter und Söhne», da sagte mein Ältester: «Väter und Söhne – du? Schreib du lieber über Fehler und Söhne!» (Er hat sein ratio-aktives Maul nicht von mir, sondern von meiner Mutter und seinem Großvater Heinemann geerbt.) Daß wir lachten, sprach mich noch nicht frei von dem Vorwurf, der in dieser «Korrektur» der Titelzeile enthalten ist: Fehler macht man ja noch leichtfertiger als Söhne, und ich muß sagen: Ich habe keinen großen Fehler in meinem Leben ausgelassen, gerade auch was diese Jungen betrifft. Daß zum Beispiel dieser Älteste aufs Internat mußte – «interniert wurde», wie er selbst das ausdrückt –, war allein meine Schuld, weil sein Elternhaus damals durch meinen Ehebruch entzweiging. Was den zweiten betrifft: Ich habe ihm – und habe doch selber als «weißer» Jahrgang 1931 niemals gedient – mit sehr ethischen Argumenten zugeredet, Wehrdienst zu leisten, was er nicht wollte; ich sagte ihm: «Diese Schweiz ist ein anständiger Staat, denn ...»

Er unterbrach: «Wann kann ein Staat anständig sein?» Ich: «Nicht ein ganzer Staat – aber doch sein Militär, wenn es garantiert niemals seine Nachbarn überfällt; diese Garantie ist hier gegeben, die Schweizer schießen, um Aggressoren abzuwehren, sonst nie!» Er gab das zu und geht jetzt sogar überzeugt zum Wehrdienst, keineswegs nur, weil neulich ein Schulkamerad von ihm neun Monate Gefängnis *unbedingt* bekam, da er sich weigerte.

Ich sagte: «Sein Vater ist doch Jude aus Deutschland, wurde also vor Auschwitz gerettet allein deshalb, weil er unmittelbar vor Kriegsbeginn in die Schweiz entkam: Wie kann jetzt sein Sohn sich weigern, diesen Staat, der seinem Alten zur Rettungsinsel wurde, mitzuverteidigen?»

Während keiner vom Bäcker oder Juristen verlangt, er müsse alles anders machen als sein Vater, nimmt man die jungen Maler oder Dramatiker *gar nicht wahr*, bevor die einen Stil kreiert haben, den es nicht gab, bevor es *sie* gab! Brecht hat ja nicht deshalb in Augsburg unzitierbar blöde, hämische Niederträchtigkeiten über die lebenden Klassiker seiner Jugend in Druck gegeben, weil er später ein größerer Dramatiker geworden wäre als Schnitzler und Hauptmann, die ja Brecht beide an Niveau niemals erreicht hat. Sondern Brecht und alle seine deutschen Generationsgenossen, die Expressionisten, konnten überhaupt nur Dramatiker werden, die man kennt, wenn sie sich zunächst einmal von diesen zwei Meistern *radikal unterschieden*!

Denn das Vollkommene, das Absolute kann ja keiner «fortschreiben», ohne nur ein belächelter Epigone zu werden! Beispiel: Wie viele hundert Familienromane wurden, seit 1901 *Buddenbrooks* erschienen ist, in Deutschland geschrieben! Doch niemand kennt sie – eben *deshalb*, weil sie einfach diesem Muster- und Meisterstück *Buddenbrooks* nachgeschrieben worden sind!

So ist in der Kunst der Generationskonflikt nicht nur schlimm wie überall, sondern *mörderisch*!

Während ich dies tippte, hörte ich einen meiner Söhne ins Telefon sagen: «Dann tun wir den Alten in den Eisschrank!» Als er aufgelegt hatte und durch mein Zimmer ging, sagte «der Alte» zu ihm: «Freud läßt grüßen!», und ich fragte, warum es dem Jungen nicht genügt habe, seinen Freund oder sein Mädchen zu beruhigen, wenn er oder sie heute abend komme, dann sei ich nicht zu Hause! Sondern, warum er gesagt habe, ich käme ins Eis – wohin wir ja unseren Vater, das habe auch ich getan, erst bringen, wenn er im Spital gestorben ist? Der Sohn versicherte – völlig glaubhaft –, so sei das nicht gemeint gewesen. Doch als ich einige Stunden später wiederum eine ironische Bemerkung daran knüpfte, daß er mich ausgerechnet in den Eisschrank habe tun wollen, sagte er ebenso ironisch und ebenso ernst gemeint: «Du hast mich immerhin schon vor meiner Geburt beseitigen wollen – durch Abtreibung!»

Achtmal hat Thomas Mann Katia geschwängert, sechs Kinder kamen zur Welt – und doch schrieb er 1918, als er glaubte, sich von Bruder Heinrich für immer trennen zu müssen: «Ich habe dies Leben nicht gewollt. Ich verabscheue es. Man muß zu Ende leben, so gut es geht. Lebe wohl. T.»

Es gibt kein aufrichtigeres Eingeständnis der Inkonsequenz, die unser aller Dasein bestimmt, und wäre man selbst das Genie gewesen, das schon mit fünfundzwanzig (!) so zielgerichtet war, *Buddenbrooks* bereits veröffentlicht zu haben.

Gretchenfrage an jene Psychiater, deren viele sich als Eheberater anpreisen: Kennt jemand einen einzigen, der *nicht* geschieden wurde? (Und sich nie als Eheberater anpries?) Ja, einen: Karl Jaspers, der 61 Jahre lang vergnügt mit seiner Frau lebte. Konnte er das nur deshalb, weil er fünf Jahre nach seiner Eheschließung aufhörte, Psychiater zu sein, um Philosoph zu werden?

Seufzen oder schimpfen Frauen: «Hör auf», so heißt das: «Mach weiter.»

Ludwig XIV. rief nachts, wenn er schlaflos lag, nach seinem Lautenspieler. Ist dieses Instrument, allein gespielt, nicht das spontan anrührendste?

Hör nie auf, anzufangen; fang nie an, aufzuhören!

Allenfalls Zuflucht bei einer dritten kann – *kann es das?* – den retten, der zwischen zwei Frauen geriet.

Nützlich an Autos, daß sie mehr Aggressionen ableiten als wecken. Und samt Zuliefererfirmen mehr Menschen ernähren als alles andere: jeden fünften in Deutschland!

Steig nicht ins Meer, einen Hai zu töten!

Radfahren im Stadtverkehr wäscht die Stirn: lenkt sofort ab, sonst ist man tot; während Spazierengehen uns nur intensiver an das denken läßt, was einen schon am Schreibtisch plagte. Zwecklos.

Gott läßt dich *eher* zu sich kommen als der Regierungspräsident.

«Köstlich», übersetzt Luther, sei ein Leben voll Mühe und Arbeit. Benn dichtete: «Dummsein und Arbeit haben, das ist das Glück»! Mit sechzehn fand ich das zynisch. Heute weiß ich, Benn wie Luther hatten recht: Arbeitsentzug ist für Gesunde die absolut trostlose aller Plagen; sie macht jeden zum Schlaffi – so schnell, daß er dann nicht mehr den *revolutionären Geist* in sich ausbrüten kann. Weshalb die nötige Revolution nicht von denen kommen *kann*, sondern von Außenseitern, die alles andere sind als – Arbeitslose.

Da sie einen Garten hatte, brauchte sie keinen Psychiater.

Eine Frau: eine Gefährtin – zwei: eine Verschwörung.

Mit Blick auf die ausgeleierte Ehe der Cousine; nach Rückblick auf die eigene, ebenso ausgeleierte: «Zwar kein Trost, doch tröstet ungemein, daß auch die nicht durchhalten!» Eigenes Elend, offenbar, reduziert sich in dem Maß, in dem Nachbarn unterm gleichen seufzen.

Wo man seiner Sache am sichersten ist, der einzelne nicht anders als sein Zeitalter – ausgerechnet dort sind Enttäuschung, ja Scheitern gradezu programmiert. Da beinah jeder das schon erlebt hat, wird er mir zustimmen, wenn ich die Erfahrung Friedrichs des Großen die gültigste nenne: «Es kommt nicht so gut, wie man hofft, und nicht so schlimm, wie man fürchtet.»

Alle Credos – bloß Placebos.

Da der Mann fast nie mehr nach dem Tod seiner Frau, die er jahrelang betrogen hatte mit dieser Geliebten, zu der ging, vermutlich aus plötzlich schlechtem Gewissen, holte die Freundin deren Katze – die werde jetzt vernachlässigt – zu sich: Worauf prompt auch der Witwer der Katze folgte, für immer.

Ehebruch, versicherte eine Verheiratete, die es wissen wird, könne niemand verzeihen, der ihn nicht ebenfalls praktiziert oder sich damit gerächt oder ihn schon «auf Vorschuß genommen» habe.

Daß Männer zuweilen lebend davonkommen, danken sie der Tatsache, daß Frauen Frauen nicht leiden können, sogar generell, keineswegs nur, wenn sie im gleichen Beziehungskäfig stecken.

Sind Männer eifersüchtig, tötet das die Liebe; sind Frauen eifersüchtig, entfacht das erst die Liebe zu einer anderen.

Rassismus entspringt dem Neid. Ich bin kein Rassist, aber doch neidisch: auf Engländer, weil die den größten Dichter hervorgebracht, besonders aber, weil sie nie einen Krieg verloren haben, wenn auch nur dank eines idealen «Panzergrabens». Und weil ihre Kriegserklärung an Hitler am 3.9.39, ebenso wie die der Franzosen, denen beiden Hitler nichts antun wollte, als ihnen «freie Hand» über Osteuropa abzufordern, eine ethische Leistung ist, für die unsere deutsche Geschichte kein

Beispiel hat: Beide Staaten marschierten für Tschechen und Polen, in voller Kenntnis dessen, welch entsetzliches Gemetzel ihre Völker erwartete; denn die den Krieg erklärten, hatten schon als junge Männer am eigenen Leib erfahren, 1914/18, was Krieg bedeutet.

Und auf Juden bin ich neidisch, weil die, als unsere noch auf Bäumen saßen und nur Bier erfunden hatten, schon die Bibel verfaßten …

Vermutungen, Gerüchte können radikaler anheizen als Fakten, weil sie wie alles Ungeklärte das Unterbewußte und die Phantasie heftiger und länger beschäftigen. Ist Hitlers Urlust zur Judenausrottung erklärlich ohne das Gerücht, er sei Enkel eines Juden, da die Mutter seines Vaters als Köchin in dessen Haus unehelich schwanger geworden war?

Thomas Manns Eintrag in ein Gästebuch: «Humor ist die Humanisierung der Wahrheit», ist die menschlichste aller Maximen.

Der alte Architekt, nun eingezwingert in *ein* (!) Zimmer, weil er seinen stattlichen Besitz – unter Vorbehalt, daß er dort bis zum Tode wohnen dürfe –, dem Sohn überschrieben hat, der nun zwangsweise sozusagen seinen Vater mit dem Hof verkaufte: Der Sohn hatte eine Baumschule auf dem väterlichen Hof eingerichtet, die pleite ging, nachdem der Sohn den Hof mit Hypotheken so unrentabel gemacht hatte, daß der zwangsversteigert wurde. Vor dem Tod nichts vererben!

Empfangsbereitschaft für Telepathie – neben weißen Haaren das einzige, das mit den Jahren zunimmt; und fast die einzige Realität, die bis heute völlig unerforscht blieb: Wer kennte nicht hundertfach die Erfahrung, überfallplötzlich an jemanden zu denken, an den man monatelang nicht mehr dachte – und am gleichen Tag ist dann dessen Brief da!

29

Ebenso irrational, doch auch ein Faktum wie Telepathie, ist das Herbeireden von Unglücksfällen: Nach der Beerdigung Ernst Jüngers verabschiedete ich meinen Sohn und seine Freundin – sie wollten nach Freiburg, ich nach Basel – mit der Warnung: «Fahrt vorsichtig; nach der Beisetzung Churchills ist der Herzog von Kent im Auto umgekommen!» Keine halbe Stunde später fuhr den Kindern ein Idiot, der schon Leute im Auto umgebracht hat, in den Wagen – Totalschaden; die Kinder, glücklicherweise angeschnallt, wurden im Sanitätsauto ins Krankenhaus Saulgau gefahren, doch unverletzt. Als ich das fünf Tage später der Witwe Jüngers erzählte, sagte diese kluge Alterfahrene sehr aufgebracht: «So was sagt man ja auch nicht, Herr H.! Wenn ich mit acht eine Schüssel in die Küche tragen sollte und jemand rief mir nach: ‹Lass sie nicht fallen›, dann lag sie schon.»

Schlechter Stil: Ist man eingeladen, dem Gastgeber ein anderes Lokal vorzuschlagen als das, wohin er wollte.

Ehefrauen sind deshalb so entmutigend, weil sie stets überdrüssig die Hand vor die Augen halten, will ihr Mann was zum Besten geben; sie haben es schon zehnmal anhören müssen.

Haß macht nur Spaß, läßt man ihm freien Lauf; hört sonst auch nie auf.

Über vierzig nie mehr ohne Schlips; er halbiert die Masse, verjüngt den Wanst zum Bug.

Wer lange allein spricht, erregt Unwillen – gerade dann, redet er auch als der Interessanteste.

Vor halb zwölf nie anrufen, nicht privat, keine Firma, kein Amt. Erreichst keinen oder verstimmst nur.

Deutsche Sprache – konfus wie deutsche Politik. In seinem *Journal intime* schrieb Sombart: «Frauen schätzen ja nur Männer, die sie schlecht behandeln.» Soll das heißen: Ein Mann schätzt *die* Frau, die *ihn* mißhandelt – oder die sich von *ihm* mißhandeln läßt?

Wer kriecht, stolpert nicht.

Dilemma: Willst du gelten, mach dich selten. Doch ebenso wahr: Wo du nicht bist, hast du nicht recht.

Kein Brief so wichtig, ihn noch freitags zu öffnen. Wochenende fängt an, ignoriert man Post und Telefon.

Haustiere sind oft beliebter als Ehepartner, weil sie im Gegensatz zu denen nicht widersprechen.

Hätte ich meinem Vater zum Fünfundachtzigsten einen Hund geschenkt, er hätte mich drei Tage vor Haß nicht angeguckt, wäre aber neunzig geworden, statt leider nur ein Jahr noch zu leben, weil sein Pflichtbewußtsein ihn gezwungen hätte, noch täglich dreimal mit dem Hund rauszugehen.

Was ist ein Pawlow'scher Hund, gemessen an Kellnern? Kennt wer einen einzigen zwischen Toronto und Sydney, zwischen Wladiwostok und Kap Hoorn, der nicht die Speisekarte *wegreißt*, als wolle man die klauen, sobald man auch nur die Suppe bestellt hat? Auf die doch ziemlich naheliegende Idee, man möchte vielleicht noch ein Schnitzel oder ein Dessert bestellen, kommt der Kellner gar nicht: Menschen sind rascher abzurichten als Tiere; und grundloser.

Mißtrauen gegen alles, was alle denken!

Nur in einem liberalen Elternhaus wächst man ohne Scheuklappen auf. Liberal heißt: ohne Religion, ohne Ideologie.

Alle Ideale welken. Die meisten sterben. Nur das Soziale bleibt.

Berufsprivilegien, jahrzehntelang unkritisiert ausgeübt, folglich dem Privilegierten gar nicht mehr im Bewußtsein, machen jeden zum Schwein.

Einstimmigkeit zwischen Paaren, Freunden wird unvermeidbar langweilig.

Sich zu rächen, fällt Frauen immer was ein.

Frauen lieben Ehekräche – anderer!

Ist heimkommen nur so lange das schönste Wort, wie man auch hofft: Mußt bald wieder fort?

Mißtrauen gegen solche, die ihren Vater schlechtmachen – ob die als Freunde verläßlich?

Ach, daß man doch Enkel haben könnte ohne Umweg über Kinder!

Wer viel verschweigen muß, ist sehr gesprächig.

Warum verbeißt man sich am heftigsten in das, um was es gar nicht geht?

Wer merkt, daß er *mehr* fragt, als ihm zukommt?

Söhne ertragen es nicht, einen Namen zu erben, statt ihn sich zu machen.

Ein Rat von Eltern wird nicht abgewiesen, weil er doof ist, sondern weil er von den Eltern kommt.

In der Familie schmeckt die Suppe am besten, doch sind Konflikte am schärfsten.

Gewohnheit lenkt den Verstand, statt umgekehrt, wie's nützlich wäre.

Ordnungsliebe statt Chaos reguliert die Phantasie, doch schafft sie fast ab.

Wer sich nie auflehnt, bleibt unerwähnt.

Wahrheit ist das Aufregendste, was es gibt. Denn wahr ist, was uns weh tut. Was nicht schmerzt – nur banal wie Wasser statt Wodka.

Nach der Vergangenheit ausfragen kommt keinem zu.

Wer lügt, übertreibt. Er versichert es wider Willen dreimal, so daß jeder merkt: Er lügt.

Alle Menschen um mich werden noch fürsorglicher, am meisten meine Frau. Ich lese daraus die Kürze meiner Lebenserwartung.

Lebensklug wird erst, wem es nichts mehr nutzt. Die für immer weichenstellenden Fehler macht jeder meist schon in der Lebensmitte.

Wir sehen nie alle Folgen voraus; doch könnten wir das – wir könnten nicht mehr handeln.

Behalte das Deine im Blick – inmitten der immerwährenden Überflutung durch Geschwätz.

Sie hätten das Kriegsbeil längst begraben, doch finden es gar nicht mehr.

Es trifft einen immer an der wundesten Stelle.

Das uns aufgezwungene Ende aller Verhaltensforschung: daß rätselhaft bleibt, warum Menschen sich selbst mit Lust dressieren – Esel, Affe im Zirkus machen's wenigstens nicht ohne Peitsche!

Bei Frauen kommt am schnellsten ins Zentrum, wer sie preist auf Kosten einer anderen, möglichst ihrer «Freundin».

Nur mit Gefahr verbunden, wird Ehe-Langeweile überwunden.

Der Nichtssagende, weil ihm nichts einfällt, haßt Herausragende, die sprechen können zu Menschen und Welt.

Der Verdacht, ein bißchen hysterisch zu sein, kommt Hysterikern zuletzt.

Nähe, Anlaß genug zu streiten.

Mit der körperlichen verlieren wir die geistige Spannkraft, die auf Spannung beruht; erotisch verheerend.

Ein Quickie schadet nie, bleibt er geheim.

Weil Sex Macht ist, die stärkste überhaupt, wird Sex natürlich oft Crime! So Burckhardt: «Nun ist die Macht an sich böse – gleichviel, wer sie ausübt.» Auch gleichviel, *was* sie in Gang setzt. Deutsche Liebesgedichte deshalb zum Gähnen harmlos, weil in ihnen Sex sich immer vorbeischleicht am Kriminellen, das meist aus Libido wird: meist durch Ehebruch.

Frauen ohne Selbstkritik: Als er resigniert gesteht: «Geht nicht mehr ohne Viagra», sie, selbstbewußt: «Hauptsache, bei mir brauchst du's noch nicht.»
Außer ihrer ewigen Angst, zu dick zu sein, meist unbegründet, sind Frauen generell immun gegen Selbstkritik.

Krebs ist immerhin so human, die bald an ihm sterben, ahnungslos zu halten. Dr. med. Benn, Inhaber zweier Goldmedaillen der Medizinischen Fakultät Berlin, schrieb kurz vor seinem Krebstod: «Ich habe einen Masseur, der wie ein Traktor über meinen Rücken geht …, doch Malignes liegt nicht vor.» Benn hatte allerdings auch das Glück, mit einer Zahnärztin verheiratet zu sein, die ihn fachmännisch anlügen konnte. Meine Frau sagte sechs Wochen vor ihrem Krebstod: «Das wird mich nicht killen.» Jedermann traf Krebsbefallene, die genauso reagierten.

Wer Freunde hat, braucht keine Feinde.

Wer «das große Ganze übersieht», sieht gar nichts, wie das Wort «über» schon sagt: Die Wahrheit steckt, wenn pikant, das heißt meist: allein interessant, stets im Detail. Steckt ist oft zu optimistisch formuliert. Genauer: *wird* versteckt.

Was beiläufig herauskommt, gegen den Willen, jedenfalls unabsichtlich durch Zufall – *das* ist das Wahre.

Deinen Kellner mal zu einem Schnaps einladen, wenn du selbst drei trinkst. Der lebt auch von einem freundlichen Gespräch – wovon sonst?

Piloten-Auskunft, ob er verheiratet: «Nur zu Hause!»

Jeder unserer Reflexe – ausgelöst durch Komplexe; meist entstanden in frühster Kindheit.

Eine Spazierfahrt ohne Ziel und Essen – ist keine.

Autos zähmen immerhin die am Steuer, schenken sie doch jedem den Wahn, ein Herr zu sein, nicht der Underdog – solange ihm das Lenkrad zum Gefühl verhilft, zu «steuern»! Darüber vergißt er, daß er alle Jahre stärker ausgeplündert wird; zu Revolten weniger geeignet als ein Hund: Der bellt wenigstens.

Allein Pferdegetrappel von Touristenkutschen erinnert noch an den Rhythmus der Menschheit vor 1900, vor Erfindung des Autos.

Wer nur in seiner Zeit lebt, wird so dumm wie die!

Wer perfektionieren will, macht's kaputt. Dreimal putzt sie täglich die Zähne, Resultat 3000 Franken Zahnarzt-Kosten jährlich: Nichts perfektionieren, nicht körperlich, nicht geistig – macht's schwerarschiger. Leichtsinn, Skizzen, Tanzen gehören zur Kunst wie Reisen zum Leben.

Am Fachidioten geht die Welt zugrunde.

Neue Leute aus ganz anderen Berufen, besonders im Alter, kennenlernen: gegen seelische und gedankliche Inzucht und Umgebungs-Erblindung.

Nicht das Land, unsere gemeinsame Sprache schafft unser Identitätsgefühl.

Persönlichkeit beginnt, wenn jemand nicht automatisch imitiert, was «sich gehört».

Die einzige Fähigkeit, die sich mit den Jahren steigert: sich fast glaubhaft selbst zu belügen, das heißt, zu verdrängen.

Warum bilden wir uns ein, der, dem wir Blumen aufs Grab legen, wisse das in diesem Augenblick?

Hat man Söhnen Häuser gekauft, danken sie einem, wurden sie fünfundzwanzig, mit dem Satz: «Im zweiten Stock wird eine neue Heizung fällig!» Und mit sechzig verleumden sie uns bei den Enkeln, weil *sie* ihnen kein Haus kaufen können.

Sind Frauen auch klüger als Männer, handeln sie *gegeneinander* doch irrationaler: Sieht Anna Brigittes Einfahrt zwischen den Brüsten als eindrucksvoller als ihre, ist schon die Abneigung unüberwindbar. Bei Männern so viel Widerwille nur gegen *beruflich* Erfolgreichere.

Alles sei wahr, was du sagst – doch *warum* alles sagen, nur weil es wahr?

Frauen stets eifersüchtig auf das, was sein könnte – Männer auf das, was gewesen; weil erotisch unsicherer.

Man verliert die Begabung, fängt man an zu lügen – daher ich nie Tagebuch schreiben konnte. Denn Lücken sind Lügen! Und wie vieles hätte ich, nicht nur ich, sondern jeder weglassen müssen, der Familie hat?

Wenn man weiß, worauf alles ankommt, hört man auf, gesprächig zu sein, notierte Goethe als eine seiner späten Einsichten. Von Flake, ungefähr achtzig, hörte ich keinen Satz öfter als: «Das Beste ist Schweigen – gar nichts mehr sagen.»

In der Jugend nicht schon seßhaft werden. Bismarck beklagte: «Man wird sehr ein Haustier im Alter.»

Je älter, je öfter sieht man: Das geht auch ohne den – wie ohne mich.

Seinen wunden Punkt hat jeder. Je wunder – je mehr verdrängt oder bestritten. Egal, ob ihm bewußt oder nicht.

Unser zentraler Fehler ist genau der, den wir gar nicht mehr wahrnehmen.

«Bin nicht schwarz, bin braun», herrschte mich die Afrikanerin an, höchst provoziert, weil ich «Ihr Schwarzen» zu ihr gesagt habe. Hatte keine Ahnung, daß Farbige als Rassisten nicht weniger idiotisch sind als wir Weißen noch zur Hitlerzeit. Werde belehrt, in Asien sei das ebenso.

Sind wir noch so alt – jeder denkt doch: Ein Jahr könnte ich noch leben. Daher in Freuds *Jenseits des Lustprinzips* ein uns angeblich angeborener «Todestrieb», nichts als seine verzweifelte Sehnsucht: Mundkrebs. Freud roch, daß sein Hund ihn mied. Übrigens: Vier (!) Schwestern Freuds samt Männern und Kindern wurden von uns vergast.

Wespen-Gleichnis: Freust dich aufs Frühstück, sofort wegen zwei Scheiben Schinken Wespen da; mußt die Balkontüre schließen: So eigentlich mit allem und immer.

Das Vorurteil überdauert das Urteil.

Philemon und Baucis – sie wie immer vier Schritte voran, er mühsam, wankend wie angetrunken, was er nicht ist, hinterher zum Auto. Sie überläßt ihm das Steuer, um ihm das Gefühl zu schenken, er sei noch Herr einer Situation. Erstaunlich die fast immer größere Vitalität der Frauen auch noch heute, obwohl sie doch seit Jahrzehnten beruflich schon ebenso abgewrackt werden wie Männer. Daß sie ihn noch ans Lenkrad läßt, obgleich lebensgefährlich für beide, ist ihr letzter Liebesdienst.

Problematisch schreiben oder – gar nicht! Auch im Wortsinn: «Anstößig» – bewirkt sonst nichts

Jede Familie ersehnt Harmonie, doch wird sie zum Dauerzustand, macht sie überdrüssig: Ausbrechen gehört auch dazu.

Berlin nie ein Umweg: Einem Sohn, der absagt zu einer Urauf-führung: «Berlin würde mich zwei Inseltage kosten», antworte ich: «Berlin hat auch eine Insel, die Museumsinsel! Und hat 180 Kilometer Wasserstraßen. Warum verstumpfsinnigst du deine Ferien (er ist zum dreizehnten Mal auf Juist), statt in Barcelona die Wiege des Jugendstils anzusehen und in Madrid Velazquez und Goya?»

Das Glück heute, als geistig wehrloser Twen nicht Ideologien in die Hände zu fallen, die man früher Religion nannte!

Konsensfromme machen 98% aus, weil sie den Vorteil genießen: Wer kriecht, der stolpert nicht.

Kann überhaupt wer verschont bleiben, auf *Zeit* Mitläufer zu sein? Gemeint sind nicht Frauen und Männer, die in eine Partei eintreten *müssen*, gleichgültig, ob in eine diktatorische oder eine quasi demokra-tische – *nur* quasi ist ja eine Partei demokratisch, hängt dein Job von ihr ab –, um die Familie zu ernähren! Viel komplizierter: Werden wir nicht alle wenigstens für zehn Jahre Mitläufer irgendwo, weil eine Mode, ein Trend uns dahin mitreißen, uns dazu «gläubig» machen?

Es fällt einem nicht alles *beizeiten* ein; so daß wir Nächstliegendes oft zu spät sehen. Schiller schrieb: «Was du von der Minute ausgeschla-gen, bringt keine Ewigkeit dir je zurück.»

Konformismus: Ursünde der Intellektuellen – doch da fast aller, fällt sie keinem mehr auf.

Der Job macht satt, doch nicht klug.

Das nützliche Pferd – einen Amtsschimmel reiten.

In Regierungen, Firmen wird niemand alt. Bestenfalls reich als mundtoter Pensionär.

Esel, die sehr große Esel sind, halten sich für Pferde.

Wie viele Fehler ich machte, weil ich oft über der «Forderung des Tages» (Goethe) ein Hauptziel aus den Augen verlor. Streß hält zwar fit, macht aber dumm: Man denkt nur ans Nächste.

Nichts deprimierender als abends eine leere Kneipe. Nur volle Lokale sind gute.

Unsere Überheblichkeit – das rasante Tempo, mit dem wir unsere Telefonnummer auf Band sprechen, Bitte um Rückruf – niemand kann sie mitschreiben. Noch überheblicher jene, die sagen: Meine Nummer haben Sie ja! – weil sie die einem am Freitag vor siebzehn Wochen auf einem Bahnsteig gegeben haben ...

Ein bißchen überfordert zu sein ist laut Barbara Tuchman, der einsichtsreichen amerikanischen Historikerin, die Grundvoraussetzung, sich wohl zu fühlen.

Männer – je berufstüchtiger, je feiger privat.

Alt werden sogar Kasernen schön.

War dein Leben nur dein Beruf, wird Altwerden, also tatenlos rumsitzen, trostlos.

Mit Arbeit und Krankheit verschone jeden: Jeder hält sich, ob wahr oder nicht, für überarbeitet und / oder krank. Oder hat Kranke.

Hannah Arendt lachte mich aus, weil ich nicht gewußt hatte, daß «selbstverständlich» ein Rothschild niemals eine Goi heiraten darf – doch seine Schwestern möglichst in den Hochadel einheiraten sollen, denn nach jüdischer Auffassung hält allein die Mutter die Rasse «rein»; zudem: Pater semper incertus est.

Die Tiefe der Anhänglichkeit einer Frau wird nie so deutlich wie durch ihren Haß auf *den,* der ihren Geliebten beleidigt hat – und wenn das hundert Jahre her ist! Frauen können zuweilen sogar verzeihen, was *ihnen* – niemals aber, was dem angetan wurde, den sie lieben. Und was der meist längst vergessen hat.

Heranwachsenden, doch ebenso uns Alten dringend nahelegen, nie nur mit Generationsgenossen Umgang zu suchen. Sondern auch mit Menschen, die aus Jahrzehnten zu uns sprechen, an denen man selber noch nicht oder nicht mehr teilhatte; allenfalls vom Hörensagen. Sich nur mit Gleichaltrigen zu umgeben reduziert auf den nur eigenen Gesichtskreis – als läse man nichts als Zeitungen. Jeder sollte einen Mentor (auch einen Autor!) der Generation haben, der er selber noch nicht oder nicht mehr angehört!

   Vor allem: auch Ausländer als Freunde und Mitarbeiter! Piscator hat mir Robert David MacDonald «nur» als Übersetzer des *Stellvertreters* bringen wollen, doch brachte er so auch *den* geistigen Weggefährten an meine Seite, ohne den ich mich seit vierzig Jahren gar nicht denken kann, privat wie als Berufstätiger.

41

Niemand kann sich vorstellen, wie vergessen – wie bald – seine Zeit und er sind, wie endgültig und spurlos abgelegt von den Nachlebenden. Der ist lange tot, der vorm Jahr starb!

Shakespeares von mir schon oft zitierte, weil unentbehrliche Warnung in *Troilus und Cressida*: «Allzu langer Friede reizt zum Streit.» Beherzigenswert auch oder zuerst im Alltag. Zum Beispiel der Ärger einer Hausfrau, daß eine andere an die gemeinsame Haustüre, ohne sie zu fragen, ein Adventskränzchen hängt: Albernheiten samt und sonders, aber – wie oft! – Anlaß zu Stänkereien, die dann irreparabel die Atmosphäre vergiften, ja Geschäfte zugrunde richten oder Völker verfeinden.

Ewig wahr, wie ewig unabänderlich Flakes Entdeckung: «Alles Kameradschaftliche in der Ehe wächst auf Kosten der erotischen Spannung.» Illusionsfreier ist nie diagnostiziert worden, warum – traurig und teuflisch – das Erotische zwischen Partnern, ob verheiratet oder nicht, abnimmt in dem Maß, in dem ihre Gemeinsamkeit zum Zweck der Lebensbewältigung zunimmt. Doch andrerseits: Zwischen nicht *zusammen* Lebenden, etwa Sekretärin und Chef, wird gemeinsames Arbeiten oft der unwiderstehliche Kuppler.

Ihn nicht vorzeigen dürfen als den, den sie «haben», bedrückt Frauen im Ehebruch viel tiefer, als daß er noch bei der anderen lebt. Während er – *immer* privat feige – froh ist, wenn «es» möglichst heimlich geschieht. Daher krachlos und glücklich nur ein Quartett ist – vier Verheiratete –, von dem zwei nie wissen, was die zwei anderen tun. Oder – ahnen sie's doch – so weiterleben wollen wie mit ihren Zähnen: Erhaltung des Status quo.

Nimm dich in acht vor dem, der dir Dank schuldet.

Wer eine Frau jagt, wird von ihr, nicht sie von ihm gefangen.

Nichts gibt Beziehungen festeren Halt als Angst, abends, nachts allein zu sein. Und natürlich *wirtschaftliche* Abhängigkeit.

Junge lernen reiten auf *alten* Pferden.

Wer versucht, die Wahrheit zu sagen, beklage nicht, daß sein Gesicht Schrammen kriegt.

Große Fische schwimmen tief.

Die alte Dame, die erbittert ihren toten Vater anklagt, weil der sich als Arzt weigerte, der SED beizutreten, weshalb seine Kinder in der DDR nicht auf die höhere Schule durften, «womit er uns das Leben versaut hat! Natürlich steht es jedem frei, Märtyrer zu werden – aber doch nicht auf Kosten seiner Kinder! Wir – nicht er haben seine Eitelkeit bezahlen müssen.»
      Ich denke, die Frau hat recht. Wer Familie hat, wissen wir, «hat dem Schicksal Geiseln in die Hand gegeben». So sagte John zu Robert Kennedy, als sie überlegten, ob sie den Atomkrieg entfesseln müßten, weil die Russen heimlich Atomraketen auf Kuba installiert hatten: übrigens als Gegenschlag – die USA hatten Raketen in der Türkei postiert!

Der Arzt klagt: «Mich hat die Steuer am Arsch, 30 000 soll ich nachzahlen!» Darauf der, dem's nie gutging: «Ach, müßte ich doch einmal im Leben 30 000 Mark Steuern nachzahlen!»

Zeige deine Krallen so selten wie die Katze.

Verlassene, Verwitwete umgarnen, bevor die aufhören zu trauern.

Zum Vorzimmerdrachen des Großmoguls einen Draht haben ist nötiger, ja führt weiter als der Draht zu ihm selbst. Andererseits: Da diese Drachen immer weibliche sind, aber gern kritiklos genau die Meinung *dessen* zu ihrer eigenen machen, der ihnen als Boss imponiert; ihm unterwürfiger noch, imponiert er ihnen zudem auch als *Mann* – so hat das zur Folge: Ist man beim Großmogul erst einmal abgewiesen, hat man auch den Zugang durch sein Vorzimmer verspielt.

Im Kollektiv wird der Mensch böser. Angehörige militärischer Verbände, Parteimitglieder, Geschäftsführer – keiner würde als Individuum solcher Untaten fähig sein wie als Mitmarschierer, wie als Firmen- und Bankboss. Doch idealisiere man Menschen nicht: Keineswegs sind's erst *Befehle,* die uns so Böses tun lassen, wessen wir allein nicht fähig wären: Schon weil das Rudel *freiwillig* so heult, heulen wir mit. Und zweifellos nicht ohne Lust. Und zweifellos, ohne das zu merken.

Der anhaltende Eindruck, den mir die Schauspielerin macht, die sich und ihrer Familie ihren unabwendbaren Krebstod ersparen wollte und deshalb bergauf und in den Schnee ging, um sich dort müde zu laufen, einzuschlafen … und zu erfrieren.
So auch über die Frau des Ex-Bundeskanzlers:

Verschont

eine allgemein Gekannte
sich und Ihre von heillosem Leid,
weckt, daß sie sich grabwärts wandte,
Bewunderung, ja *Neid* auf ihre Kraft …
Was jeder zu können wünscht – *tun,*
hat sie zur rechten Zeit geschafft:
Selbst bestimmen, wann will ich ruhn.

In memoriam Hannelore Kohl, 1933–2001

Familie darf man haben, nur böse muß man mit ihr sein, sagte ein Freund – stimmt aber nur, wenn Angehörige zu eng aufeinander hokken: Entfernt Lebende empfinden oft sogar: Blut ist dicker als Wasser.

Hegel: Das Bekannte sei eben deshalb, *weil* es bekannt ist, nicht das auch schon «Erkannte». So nimmt jeder deutsche Untertan längst gar nicht mehr zur Kenntnis, daß unsere Nation allein von den großen Bossen noch beherrscht wird, auch unsere Regierungen! Wie Dieter Hildebrandt trostlos feststellte: «Politik ist nur noch der Spielraum, den die Wirtschaft ihr läßt.»

Terror gegen Raucher. Einer der Belege: Ein Freund, Oberstudienrat, wird zur Direktorin beordert, nicht weil er im Unterricht geraucht hat, sondern weil ihr zwei Siebzehnjährige, Mädchen und Junge, «angezeigt» hatten, er rieche nach Tabak. Warum sollte einer noch Lust haben, Teenies zu unterrichten, die schon ekelerregende Denunzianten sind?

Weihnachten – alle Jahre wieder, Streß und Stunk statt Lieder!

Sich nicht dauernd selbst anklagen. Da ich mit steigenden Jahren auch zu denen gehöre, die das tun, warne ich davor: Nichts ist steriler! Denn wenn es auch zweifellos stimmt, daß ich vor sieben oder siebzehn Jahren als Esel agiert und reagiert habe – ich kann doch sicher sein, damals war ich zwar blöd, aber doch nicht weniger umsichtig und intelligent als heute: Die Dinge sahen einfach *anders* aus, und ich handelte nach Maßgabe meiner Einsicht oder unter Zwängen, die ich zwar heute überspielen könnte, damals aber keineswegs. Sag dir einfach: Ich war vor acht Jahren nicht schon deshalb ein Idiot, weil heute idiotisch aussieht, was ich damals machte.

Sagst du dir das nämlich nicht, bist du heute so gehemmt zu handeln, daß du genau deshalb Dummes *jetzt* geschehen läßt.

Das Gefühl lügt seltener als eine Bilanz.

Vater zu seinem Sohn: Nur ein erotisch schlechtes Gewissen macht uns Menschen so artig, daß wir sogar ehezahm werden.

Frau wie Mann: Blieb ihnen nach dem Tod des einen nichts als kalte Beine im Bett, sind sie der Inbegriff der Vereinsamung.

So oft Männer sich einbilden, sie hätten eine Eroberung gemacht, verkennen sie, erobert worden zu sein. So wie Frauen verkennen, daß sie – wie im Krieg die Okkupierten, sofern die Besatzer anständige Menschen sind – die Ansichten, Interessen, Vorlieben dessen angenommen haben, der ihnen als Mann imponiert. Sofern Liebe dabei ist, schauen sie meist auch «geistig» zu ihm auf. Was vermutlich allein Zusammenhausen über Jahre manchmal möglich macht.

Die Wahrheit über sich selbst verzeiht keiner, wenn ein anderer sie ihm sagt.

Vatermord ist das – sehr bittere – Lustspiel jeder neuen Generation der Söhne. Das der Töchter heißt Muttermord.

«Reden tun die Leute ohnedies – also besser nicht über mich, sondern nur über meinen Hund!» dachte der Athener Alkibiades, der sich deshalb den schönsten Hund im alten Athen hielt. Eines Tages hatte er dem gepflegt langhaarigen Tier dessen schönen Schweif abschneiden lassen. «Warum tust du das?» fragte ein Freund. Alkibiades: «Weil die Leute schon anfingen, von mir zu reden, statt nur von meinem Hund. Jetzt reden sie ein halbes Jahr über seinen Schwanz.»

Alles hat zwei Seiten, das Schönste nur zwei Rückseiten.

Kummer macht bettfälliger als Glück.

Nicht zuviel erklären – das verrät dich.

Psychotherapie und Rüstungsindustrie verursachen beide, wovon zu heilen sie behaupten: Depressionen und Kriege.

46

Ab siebzig hat man nur wenig Zeit noch für Geschichten und Geschichte; man sucht ihr Resümee in Aphorismen und Anekdoten: *die* Bedrohung des Romans.

Mißtraue dem Mann, der schon im zweiten Gespräch seinen Vater schlechtmacht.

Wir sind nur noch spontan religiös, wo wir's nicht merken; human zu sein genügt auch: Als sich 1942 ein versprengter Russe in einen deutschen Graben verirrt hatte, sagte ein Feldwebel: «Uhlig, legen Sie ihn um!» Der erwiderte: «So was tue ich nicht!» Er hatte noch nicht ausgesprochen, da hatte ein anderer den Russen schon erschossen. Kommentar des Befehlsverweigerers: «Mir ist überhaupt nichts passiert, nicht mal ein mißbilligender Blick. Zweifellos hatte der Feldwebel selbst gespürt, daß er einen Mord befohlen hat.»

Gute Menschen sind schwache Sujets.

Konsultiere Alte: Anwälte, Ärzte, Kaufleute, Weitgereiste, Historiker – doch in die Schlacht ziehe mit Jungen.

Frauen zum Lachen bringen – der Rest findet sich dann.

Abends ab elf ist alles egal – nur hüte dich, noch über Geschäftliches zu reden: Bist am Tag zu dumm dafür geworden, ebenso wie zum Schreiben.

Alle ausgeprägten Eigenschaften verstärken sich im Menschen mit den Jahren in *dem* Maß, in dem sein Können abnimmt.

Ein Mund voll Erde, sagte eine achtzigjährige Serbin, sei die Alternative zum Leben.

Wie viele Jahre fünfundsiebzig sind, wie lange man folglich gelebt hat, wird einem erst klar, sagt man sich, daß es halb so viele wie anderthalb Jahrhunderte waren! Denn wie vieles geschieht doch in einem Jahrhundert, um … um was? Um vergessen zu werden wie ich.

Religionen verenden wie alle anderen Ideologien auch. Während die Bergpredigt *bleibt* als der bedeutendste Text seit Homer, *genieren* uns noch heute die zwei Dogmen: «Jungfrauengeburt» und «Auferstehung» des Fleisches. Zum Trost gibt es keine Silbe von Jesus – und *deshalb* ist er unantastbar als einer der bedeutendsten Menschen –, daß er selber diese zwei terroristischen Albernheiten jemals erwähnt hat; denn er war nur ein vorbildlicher Mensch wie in unseren Epochen Florence Nightingale, Albert Schweitzer und wenige andere. (Man muß sich keineswegs als Gott ausgeben, um gekreuzigt zu werden.)

Die totale Abwesenheit von Erotik in deutscher Lyrik: Was jedes Paar zweimal die Woche macht, darf als unschicklich bis zum Beginn des 20. Jahrhunderts mit keiner Silbe angedeutet werden. Fontane, selber «Besitzer» auch zweier unehelicher Kinder, schrieb seiner sehr gebildeten Emilie: «Storms Lyrik ist zu erotisch.» Der «Sitten»-Terror des 19. Jahrhunderts hatte um 1830 erstmals in der Geschichte zur Perversion *getrennter* Holzgestelle als Ehebetten geführt. Sie hielten 100 Jahre, dann wurden sie endlich weggelacht.

Wegschmeißen ist *auch* produktiv.

Geglückte Form rechtfertigt anstößigste Inhalte.

Wir machen weniger Sex, als daß er uns macht.

Das Galante bringt Kunst zustande – manchmal.

Schon jemandem begegnet, der gerne ein zweites Mal zur Welt käme? Länger gelebt hätten sicher gern viele. Doch keiner ein zweites Mal. Der Erfolgreichste überhaupt der Geschichte, Churchill, Sieger in zwei Weltkriegen, Nobelpreisträger, seufzte, fast neunzig, vor seinem Arzt: «Diese Welt – kein Mensch, der sie kennt, würde sie je freiwillig betreten.»

Frauen fällt immer ein, was sie Männern übelnehmen können; so wächst ihr Überlegensein.

Was meinte Nietzsche mit seiner hitlerschen Unverfrorenheit: «Mitleid soll Sünde für dich sein»? Ich glaube, er hing dem sogar den Reim an: «Sei rein»! Was *kann* er gemeint haben mit «rein»? Oder mit der hervorstechendsten seiner Albernheiten: «Wenn du zum Weibe gehst, vergiß die Peitsche nicht!» Wie gern wäre er wohl einmal zu einem gegangen, hätte er sich nicht bei der ersten die Syphilis geholt! Daß es Epochen gibt, in denen – wenn auch auf eigene Kosten wie alles – jemand solche Sätze in Druck geben kann, ohne totgelacht zu werden, zeigt, daß jene, die dann Nietzsche in eine Irrenanstalt wegsteckten, nicht weniger geisteskrank waren als er. Entschuldigung der Deutschen: Seine total neue Sprache narkotisierte, «seit Luther das größte Sprachgenie», nannte ihn Benn.

Angreifen macht mir im Alter Angst – obwohl ich noch wöchentlich belehrt werde: Tut man's nicht, wird man mit Gegnern kaum fertig.

Altsein ist *das* Synonym für «zu spät».

Die bedeutendste intellektuelle Leistung der Frauen: Männern die Einbildung zu schenken, das weibliche sei das schwächere Geschlecht. Es gibt Männer, die das glauben, obgleich doch jeder schon im Bett merkt, wie lächerlich er sich mit dieser Vermutung macht.

Märsche stimmen produktiv, wenn Wetter und Mensch sich sozusagen frühmorgens selber aus dem Halse hängen. Meine CD, Berliner Philharmoniker, bringt als kürzesten Marsch den «Hohenfriedberger», 1 Minute, 27 Sekunden, Komponist Friedrich der Große. Noch mitreißender als der «Yorcksche Marsch» von Beethoven: Ob das mit seiner Komprimierung zusammenhängt?

Doch Jammer und Ironie fehlen nie in großer Kunst: «Der Petersburger Marsch», 1837, Auftragswerk, weil eine Berliner Prinzessin den Zarewitsch heiratete, ist von «Anonymus» – *warum* verschollen sein Meister? Und die berühmtesten Märsche komponierte Piefke – heute nur noch das Schimpfwort der Österreicher gegen alle Deutschen, weil die Preußen 1866, von Piefkes Märschen angeheizt, Wien besiegten.

Was hätte Karajan, der diese Märsche hier dirigiert, dafür gegeben, *einen* selbst *komponiert* zu haben – statt nur als Dirigent *vorübergehend*, neben Wernher von Braun, der berühmteste Deutsche seiner Zeit gewesen zu sein?

Nach spätestens fünfzehn Jahren ist jede Ehe wie von Loriot inszeniert. Sie hält, weil die zwei das nicht merken. Auch die Energie zur Trennung nicht mehr haben.

Niemand wagt das allen Nächstliegende zu erwähnen: Können Männer nicht mehr ficken, wollen sie eigentlich sterben; so kam Freud auf seinen Todestrieb, sachlich, doch nicht legitim, daß er *das* mit keiner Silbe erwähnt, infiziert wie jeder von *Angst* im meistverheuchelten aller Jahrhunderte.

Alter: Wenn du nicht mehr dabei sein darfst, kannst, willst.

Wer behauptet, Kinder der Welt ausgesetzt zu haben, um ihnen das Leben zu schenken, ist ein Heuchler! Denn in Wahrheit hat er sich das Geschenk gemacht, Kinder zu haben, vermutlich aus Todangst: Wo Kinder, wo Enkel sind, da lebt die Illusion, das Leben gehe weiter.

Der Zweck des Lebens, des individuellen wie des aller Völker, ist der Energieverschleiß: Beschäftigungstherapie, die zum Tode führt, ist die Geschichte – die jedes einzelnen ebenso wie die seiner Generation. Daß auch ein Sinn hinter diesem Zweck liege, ist ebenso oft behauptet wie nie belegt worden.

Wie idiotisch man handeln kann, hält keiner für möglich, bevor es ihm passierte.

Frauen: Keiner, wenn sie dich nicht mehr liebt, noch trauen!

Glaubt man, lügen zu müssen, lügt man zweimal. Da sie ihr Köfferchen Freitag schon ins Büro mitnahm, erzählt sie – niemand hatte das wissen wollen –, sie fliege mit zwei *Freundinnen* nach Paris. Deshalb wußte jeder, sie fliegt mit ihrem verheirateten Lover. Mußt noch zehnmal lügen, um *eine* glaubhaft zu erhalten.

An *dem* Wochenende, auf das du dich am meisten freust, kannst du nicht reisen, sondern mußt zum Zahnarzt.

Nur das Lapidare – das Wahre.

Geschäfte mit Fremden – billiger als mit Freunden.

Sie erfinden Metaphysik aus berechtigter Angst, es sei nichts dahinter …

Wem man nichts schenken kann, mit dem ist schwer zu leben: Kauft man Chanel: «Das ist doch nicht *mein* Parfum.» Kauft man Whisky: «Ich trinke doch nur Wodka» – so in allem.

Böse werden meist alt – nicht erst im *Alter* böse.

Warum haben Frauen so unendlich viel mehr Kunst *vernichtet* als geschaffen? Weil sie zwar Gott sei Dank nie im Bett, doch stets vor der Öffentlichkeit konsensfrommer, systemrelevanter sind als ihre Männchen – folglich als Witwen, Schwestern, Töchter alles «sittlich Anstößige» verbrennen wie Büchners Schwester seinen *Aretino*: das ruchloseste Verbrechen der deutschen Geistesgeschichte. Hat die Witwe des früh verstorbenen Rubens, des größten Aktmalers der Weltgeschichte, eine *einzige* Zeichnung vom Zentrum einer Frau *nicht* vernichtet?

Wie blöd man sein kann: 2012 ein Anruf, zu einer Beckett-Ausstellung einige Sätze beizusteuern, weil ich täglich vor 45 Jahren gemeinsam in der Akademie mit ihm frühstückte. Wir wohnten dort, als er eins seiner Stücke im Schiller-Theater inszenierte und ich der Regie eines meiner Stücke zusah. Überbeschäftigt und in Premierenpanik verpaßte ich die Chance, Gespräche mit dem Großen zu notieren, umgebungsdumm.

Der Plutarch der Mediziner fehlt: Wer möchte nicht wissen, wie *der* hieß, der die örtliche Betäubung erfand und dem er verdankt – ich zum Beispiel –, nicht mit sieben am Blinddarm gestorben zu sein? Wer weiß dessen Namen? Aber sagt man einem pensionierten Arzt: Jetzt hast du Zeit, diesen Plutarch zu schreiben, lacht der: «Weiß doch jeder!» Nein, weiß eben *keiner* außer Medizinern. Der Fachmann, gleichviel welcher Zunft, ahnt nie, wie *sein* Wissen, was *ihm* selbstverständlich, begrenzt blieb auf nur seinesgleichen – daher ihm gar nicht einfällt, solche unersetzlichen Lexika seien zu schreiben.

Wer keine Zeit mehr hat, kann nur noch Aphorismen schreiben.

Neid – der Eros der Unproduktiven, meist Inhaber höchster Ämter oder Kritiker, die nicht ertragen, daß *der* einen Namen hat, *sie* nur einen Job oder ein Vermögen.

Einen Zahn, *einen* Gedanken, *einen* Menschen hat jeder – an die er besser nicht rührt.

Immer geben Männer erst *an* – und dann *nach*. Speziell bei Frauen.

«Stell dir vor, wie arm du wärst an Unterhaltung ohne mich als Blitzableiter, als Feindbild»: ein Vater zu seinem Sohn.

Dir stößt viel mehr zu, als du anstößt.

Wer Fragen aufwirft, was ihm meist Ärger genug macht, von dem nicht auch noch verlangen, er könne sie beantworten.

Haben Frauen Hunger, sagen sie: Die Kinder müssen essen!

Das Schicksal findet stets unsere Achillesferse!

Mit Reichen kann man nicht über Arme reden.

Wer hat, der kriegt; wer nichts hat, kriegt nichts.

Je höher der Affe steigt, je mehr sieht man vom Hintern.

Wie viel mehr als Gott müßte sein, wer Gott *interpretieren* könnte! Diese Einsicht hat Theologen wie Philosophen nie gehemmt bei ihren unkontrollierbaren «Auslegungen».

Lesen können muß einer nicht, um zu wissen, daß der Mensch des Menschen Wolf ist.

Sisyphus wird nie arbeitslos; nur sind seine Lasten nicht immer Steine.

53

Kein Fremder könnte über dich so Böses hinter deinem Rük-
ken sagen wie ein langjähriger Freund! Weil er dich näher kennt? Oder
weil das nur so ekelhaft ist wie menschlich wahr.

Nicht der Grad der Intelligenz wechselt von Generation zu
Generation – nur mit siebzehn hält man sich für klüger als Vater und
Großväter zusammen –, sondern der bleibt konstant wie die Leistungs-
kraft. Nicht der Verstand entscheidet über das Geschick einer Generation, sondern die *Ideen*, die ihr einprogrammiert wurden. Einprogrammiert von wem? «Wie die Vögel mit einem Strick gefangen werden, so
werden auch die Menschen berückt zur bösen Zeit, wenn sie plötzlich
über sie fällt.» (Prediger 9,12)

Kleinstadt macht klein, doch manchmal auch klug, weil man
nur in *ihr* von jeder Familie, die man kennt, drei Generationen kennt.
Anders konnte das Sprichwort: «Der Bettelstab steht alle 100 Jahre vor
einer anderen Türe», das ja jedem geläufig ist, überhaupt nicht entstehen! Diese Erfahrung kann sich ja nur aufzwingen, weil man Großeltern, Eltern und Gleichaltrige von Kindheit auch in Nachbarhäusern
kennt.

Ein Halsband verändert keinen Hund.

«Eine Frau muß ackern wie ein Pferd, aussehen wie ein Mannequin
und sich benehmen wie eine Lady», klagt eine Feministin. Werden
Männer, allesamt, nicht ebenso überfordert?

Jeder Intellektuelle wird Clochard, geistig wie körperlich, hat er
nicht eine Frau (oder einen Freund), die ihn als ihren Pflegefall tole-
rieren.

Haben Halbwüchsige nicht in Kriegen Gelegenheit, Terroristen zu
werden, finden sie die im Privatleben.

Entschleunigen! Gute Wortfindung, als nach Ausbruch des isländischen Vulkans Flugzeuge nicht mehr starten konnten und sogar Frau Bundeskanzlerin per Bus aus Portugal heimfahren mußte.

Zuhören! – nicht jede Erfahrung *selber* machen: Dazu ist das Leben zu kurz.

Verdrängungsmeister werden: Schon gut eingerichtet im Leben, daß wir Menschen an «das uns Gewisseste» (Jaspers) *nie* denken: den Tod.

Der Stumpfsinn, nur in Geschäft und Gesellschaft zu leben oder in einer Partei, reicht nicht, auch dann nicht, resigniert man mit Goethe: «Wie es offenbar im Leben aufs Leben ankommt – nicht auf ein Resultat desselben.»

Wen Phantasie wie mich dazu verlockt, die Vergangenheit verklärt zu sehen – frage sich, ob er hätte schon dasein wollen, als es noch kein Wasser im Haus gab, kein Klopapier, kein Telefon, kein Rad, keine Mindestrenten? Und dieser Zustand ist noch keine hundert Jahre her …

Womit man prahlt, daran man scheitert!

Ist unser Ziel legitim, *steigern* die Widerstände, auf die wir stoßen, unsere Energien enorm! Ohne zu kämpfen ist nichts zu erreichen.

Statt Dauer sagte Flake: Undauer – in der Tat, viel genauer.

Tu ihm nichts Gutes, daß er dir nichts Böses tut.

Das von allen Meistbegehrte zwischen Nabel und Taille – daß es auch *haltbarer* ist, länger jung bleibt als das Übrige; jeder Hals welkt schneller – belegt: Um seiner Libido willen kam der Mensch zur Welt;

dank ihrer wurde er ja auch geboren, dank ihrer macht er Kunst. Freud und seine «Schülerin», die wundervolle Lou Andreas-Salomé, gaben das zu, doch mehr versteckt als formuliert.

Gute Menschen – schlechte Künstler: zu tolerant gegen Unrecht Verübende.

Trostlos, allein essen; deshalb trinkt man zuviel.

Nötig war ein Einfall *dann*, ist man noch nach Tagen beunruhigt, hat man ihn nicht festgehalten.

«Magie» war Lehrfach, zum Beispiel an der Universität Wittenberg, wo um 1500 auch Faust es studierte.

Beim Handleser. Er studiert meine *rechte* Hand: «Sie werden alt, interessant: Ihre Energie wächst mit den Jahren!» Ich: «Das ist Todangst, denn ich habe noch zwei Stücke vor.» Dann halte ich ihm die linke hin: Er *über*blickt sie, doch weicht aus: «Das ist die gefühlsbetonte, da bin ich nicht zuständig, zeigen sie die besser meiner Kollegin», und nennt eine Deutsch-Türkin. Ich spüre, er will nicht sagen, was er sieht – gehe also, feige wie ich bin, nie hin.

Allzuviel verfehlt das Ziel. Man muß dosieren.

Politisch-historisch

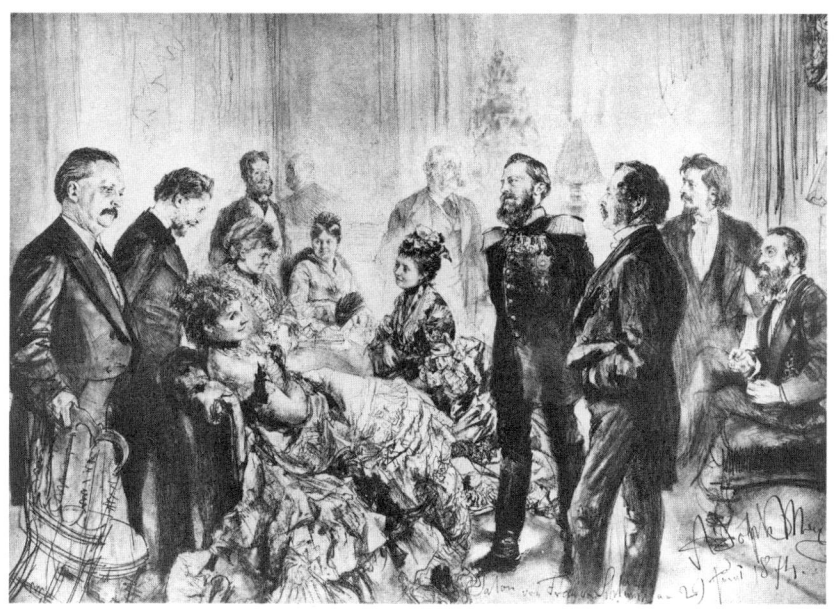

Adolph von Menzel: Musiksalon der Gräfin Schleinitz

Der Staat ruft zu Spenden für die Krebshilfe auf – übrigens ein riskantes Wort: Wer spendet schon, dem Krebs zu helfen! –, kassiert aber an Tabak so ruchlos Steuern wie an Alkohol, während er dessen Konsum zu bekämpfen vorgibt: Da hat die Heuchelei schon das Niveau, das die Maßnahme jener ach so christlichen Bonner CDU-Regierung hatte, die *zuerst* Dirnen besteuerte. Neulich wurde ruchbar, daß die Britische Medizinische Gesellschaft, die öffentlich beklagt, daß einhunderttausend Engländer pro Jahr am Tabak sterben, einen Teil ihres Vereinsvermögens in der englischen Tabakindustrie investiert hat. Wie liebenswürdig war dagegen jener italienische Bischof, der Enthaltsamkeit predigte und voriges Jahr im Bordell starb!

Die alles und alle beherrschende Idee heute, die meine Generation und die meiner Kinder zu Tode verbraucht – erst die Enkel werden das Verhängnisvolle an ihr erkennen und es zumindest teilweise und mühsam rückgängig machen –, ist das Wegrationalisieren von Arbeitsplätzen. Zweitens der Vereinigungswahn der Europäer, ihr Globalisierungs- und Euro-Rausch, die satzungswidrige Albernheit, z.B. Griechenland müsse von den übrigen Europäern subventioniert werden, um «den Euro zu retten». Erweist die Einheitswährung sich nun schon zehn Jahre lang als untauglich – warum kehrt man nicht um zur Länderwährung? *Jeder* Grieche erhielt bis 2012 von anderen EU-Ausgebeuteten 33 000 Euro. Das seit Odysseus listigste aller Völker machte *Betrugs*-Bankrott.

Parlamentarische Absprachen – so liebenswürdig wie wirkungslos.

Wer könnte noch sagen von der Partei, die er wählt, sie repräsentiere das Vertrauen, das er mit dem Wahlzettel in sie gesetzt hat?

Bundeskanzler Kohls unwirsche Frage, wieso er die Menschen entschädigen müsse, denen Ulbricht die Grundstücke geklaut hat, auf die er dann seine Berliner Mauer baute, da doch – so Kohl – «noch nicht einmal alle Angehörigen derer, die an der Mauer ermordet worden sind, entschädigt» seien, ist ebenso logisch, als würde er fragen, wieso will denn Frau Müller im Krankenhaus geheilt werden, Frau Schulze ist dort auch gestorben!

Burckhardts Heimatliebe zu Basel ließ ihn verzichten, als ihm die größte Ehrung seines Lebens angetragen wurde: den Lehrstuhl seines Lehrers Ranke in Berlin zu übernehmen. Deshalb erhielt Treitschke ihn, der ein bedeutender Schriftsteller, vor allem aber ein ruchloser *Nationalist* war. Unzählige Jahrgänger, die Burckhardt ausgerechnet in der siegestrunkenen Hauptstadt des neugegründeten Kaiserreichs nach 1871 zu human denkenden Studenten ausgebildet hätte, verfielen nun der Überredungsgewalt eines verhängnisvollen Chauvinisten und Antisemiten: der Beweis, daß sogar ein hochherziger Verzicht kaum denkbar ist, der nicht auch üble Folgen hätte ...

«Mal ist der Bundestag voller, mal ist er leerer, doch stets ist er voller Lehrer», klagte SPD-Chef Wehner. Tatsächlich ist keine Verfassung, die nicht auch den Numerus clausus gegen die Übermacht einzelner Berufe enthält, ein Schutz gegen die Herrschaft von Berufscliquen, also von Interessenverbänden. Wenn achtzig Prozent der Abgeordneten Juristen sind – wer vertritt dann im Parlament das *Volk*?

Die Buchhaltung der Geschichte ist nicht die Gewinn-Verlust-Rechnung eines *Jahres*, sondern eines Jahrhunderts.

Entlassungen bei Riesengewinnen, also Felonie, wie die «Untreue des Herrn gegenüber dem Knecht» 1000 Jahre genannt wurde, ist die totale Rechtfertigung der geschichtlichen Erfahrung Jacob Burckhardts: daß «man bei Abwesenheit aller legalen Rechtsmittel Richter in eigener Sache wird». Wie kommt es, daß keiner der kürzlich wieder 500 aus der Deutschen Bank, trotz kontinuierlicher Riesengewinne seit Jahrzehnten, von Ackermann Rausgeschmissenen den nicht *tötet*? Denn zweifellos fehlt doch allen das «legale Rechtsmittel» dagegen – nicht von diesem Gangster weggetan zu werden wie die Zeitung von gestern.

Gemessen an dem, was einer anzielte, je höher das Ziel, je heimlicher – das Wenige, was ihm glückte: Wer kann sich da auch nur im Spiegel ansehen? Gelang ihm aber Höchstes, machen es Söhne, spätestens die Enkel kaputt. Beispiel Bismarck – sein Bedeutendstes der «Geheime Rückversicherungsvertrag mit Rußland»: Berlin und Petersburg vereinbarten «wohlwollende Neutralität», werde einer von ihnen in Krieg mit einer Großmacht verwickelt. Dieser Vertrag garantierte, daß innerhalb Europas ein Weltkrieg nicht möglich gewesen wäre. Aus allerlächerlichstem «Grund» – da geheim, sei diese Absprache mit den Russen «Bigamie» gegenüber den Österreichern – lehnte der achtundzwanzigjährige Wilhelm der Letzte die Verlängerung des Vertrages ab. Prompt fand Paris in Petersburg den Verbündeten zum ersehnten Revanchekrieg wegen Bismarcks Annexion Lothringens.

Die Dummheit der Epigonen: Haben die Deutschen Beobachter in ausländische Kriege geschickt nach 1864, 66, 70? Die Engländer sehr wohl, zum Beispiel den jungen Churchill! Der hat später in einem glanzvollen Essay «Die Deutsche Pracht» über zwei Besuche bei Wilhelms Manövern berichtet; da er schon im Burenkrieg, dem ersten modernen, mitgekämpft hatte, konnte er – sichtlich beruhigt – über einige Vorgänge in kaiserlichen Manövern schreiben: «Was immer das bedeuten mochte, mit der Wirklichkeit hatte es überhaupt nichts zu tun.»

Angehörige nie als Mitwisser belasten: Als nach dem Attentat auf Hitler auch Konrad Adenauer, da ihn der zivile Hauptverschwörer Carl Goerdeler mehrfach besucht hatte, untertauchen wollte, sagte er zu seiner Frau: «Ick jehe zu den Mönchen!» Als die Bullen ihn holen wollten, sagte Frau Adenauer, sie wisse nicht, wohin ihr Mann sei. «Wenn wir an seiner Stelle Ihre drei schönen Töchter mitnehmen, wird Ihnen einfallen, wohin er gegangen ist!» war die Drohung. Da gab sie an: «Ins Kloster Maria Laach», wo sie ihn herausholten. Die Töchter wären nie hingerichtet worden, er aber durchaus, hätte nicht das Kriegsende ihn befreit.

Bei uns auch «sollte es ein Gesetz geben, das unsere jungen Männer eine Zeitlang ins Ausland schickt», schreibt Lord Byron: «Ich bin von den Vorteilen, die es hat, auf die Menschheit zu schauen, statt über sie zu lesen, so überzeugt, wie auch von den bitteren Folgen des Daheimbleibens mit all den engherzigen Vorurteilen eines Inselbewohners.» Sprach der 1788 Geborene nur von jungen Männern – heute, natürlich, sind es auch Mädchen.

Auch erteilt er Jungen den Rat, aus der Ratlosigkeit so vieler Unsicherer in jungen Jahren in die Politik sich zu retten. Jedenfalls verunsichert nichts so sehr wie Alleinbleiben. Zum Abseitsstehen ist der einzelne nicht gemacht; das können allenfalls Gruppen sich leisten; ja die müssen das zuweilen ...

Bewundernswert: Der polnische Jude Zygmunt Bauman, Jahrgang 1925, als einziger seiner Familie durch Flucht nach Rußland dem Holocaust entkommen, riskierte 2011 zu sagen: «Ich bin besorgt über die moralische Verwüstung, die die Besatzung Palästinas bei Israelis anrichtet, besonders bei den Jüngeren, die direkt als Teil einer Besatzungsmacht geboren werden»! Man hat Angst, Bauman wird ermordet: Denn er verglich seine Forderung, die Mauer in Gaza müsse weg, mit der Lösung des Gordischen Knotens. Heute das Kühnste, was ein Israeli von seinesgleichen fordern kann – schon morgen nur noch banal. Denn das Vorbild USA lehrt seit seinem Bestehen, jedem ist in seinem Geburtsland Mitbestimmungsrecht angeboren. Religion, Hautfarbe spielen keine Rollen. Sowenig wie ideologische Mauern.

Der Hund liebt den Herrn, das Volk den Führer: «Attentatshausen» nannten verächtlich alle Dörfler aus der Umgebung Hermaringen, wo 1903 Elser geboren wurde, der Tell des Jahres 1939. Kein einziger Volksgenosse *ahnte*, daß Elser ein Heros mythischen Ranges war – als einziger Deutscher seit Jahrhunderten.

Hans Saner erzählt im September 2000 entsetzt, daß 70 Prozent befragter Deutscher, ob jung, ob alt, gesagt haben, sie könnten sich nicht vorstellen, mit Juden befreundet zu sein … Selbstverständlich kennen sie Juden nur vom Hörensagen: so gründlich hat die Hitlerzeit sie «ausgerottet», wie Hitler das dreimal *öffentlich* ankündigte.

Dagegen Bismarck in Versailles 1871 bei Tisch: Die hervorragende Intelligenz einiger bekannter Familien sei zweifellos das Ergebnis dessen, daß «ein christlicher Hengst eine jüdische Stute besprungen» habe, «und ich weiß noch nicht, ob ich das nicht auch meinen Jungen empfehlen soll, wenn sie einmal heiraten wollen».

«Ruchloser» (Burckhardt) Optimismus und abgründiger Pessimismus kommen in zwei Grundsätzen von Zeitgenossen am exaktesten zum Ausdruck: in Hegels Prämisse: «Vorausgesetzt, daß die Vernunft in der Geschichte ist», und in Goethes Verdikt, Geschichte sei «das Absurdeste, was es gibt», weshalb er es in höheren Jahren ablehnte, sich überhaupt mit ihr zu befassen. So wies Goethe auch zurück, «wiewohl Hegel selbst mir ziemlich zusagt» – der hatte ihn 1827 in Weimar besucht –, sich mit dessen Philosophie zu beschäftigen: «Ich mag von der Hegel'schen Philosophie nichts wissen.»

Die Flagge mit den peinlicherweise den Nordamerikanern gestohlenen Sternchen! Konnten Europäer nicht die Phantasie aufbringen, eigene Embleme für unsere Fahne zu finden, zum Beispiel einen bunten Flickenteppich, der sich aus allen europäischen Nationalflaggen höchst reizvoll hätte zusammenstücken lassen? Und der Europa charakterisiert hätte als das, was es immer bleiben sollte, als das – so de Gaulle – «Europa der Vaterländer»?

Der Bettelstab steht alle 100 Jahre vor einer anderen Türe. Und: Jeder ist anders albern. Diese Sprichwörter, ebenso gemünzt auf einzelne wie auf Familien, Firmen, Redaktionen, Staaten und Epochen, belegen die *Undauer* allen Denkens, aller Dinge, die hier wie ein Wasserzeichen unter jedem Aphorismus sichtbar werden: immer wiederkehrende Leitmotive …

Welche Generation in Europa könnte, seit Hitlers Ende, noch *verstehen*, geschweige denn ernst nehmen, daß die Großväter und Väter der im Ersten wie auch noch Zweiten Weltkrieg Erwachsenen «ehrlich» – sprich: blödsinnig! – *geglaubt* haben, ein europäischer Staat ohne Kolonien müsse verhungern? Und doch haben – Rußland und Skandinavien ausgenommen – in *allen Ländern* des Kontinents die Menschen diesen Unfug geglaubt zwischen 1880 und 1940!

Nur 100 Jahre liegen zwischen einem Satz Hegels und einem *Freuds*, die drastischer als andere Einsichten höchst Namhafter dokumentieren, wie *begrenzt* der Horizont jedes Zeitalters und seiner Individuen ist.

Hegel schrieb um 1822: «Die Welt ist umschifft und für die Europäer ein Rundes. Was noch nicht von ihnen beherrscht wird, ist entweder nicht der Mühe wert oder aber noch bestimmt, von ihnen beherrscht zu werden.»

Mithin, dieser Deutsche hat im Ernst vermutet, weil in *seinen* Jahren tatsächlich die Engländer und die Kontinentalen das Weltregiment ausübten, diese *Episode* sei ein *Dauer*zustand, das *Ende für immer* der Mächteverteilung auf Meer und Erde ...

Und Freud schrieb 1927: «... Mit der Metaphysik stehe ich anders. Ich habe nicht nur kein Organ für sie, sondern auch keinen Respekt vor ihr. Im geheimen ... glaube ich daran, daß die Metaphysik einmal als Mißbrauch des Denkens, als *survival* aus der Periode der religiösen Weltanschauung verurteilt werden wird.»

Freud hat demnach geglaubt, die Liberalität sogar des *Denkens*, die seine Zeitgenossen auch *religiös* zu Befreiten gemacht hatte, *könne andauern!*

Offenbar waren terroristische Ideologien wie die der Kommunisten oder der Faschisten überhaupt noch nicht in Freuds Blick. So konnte er noch nicht sehen, daß ja Religion das Synonym für Ideologie ist – nur durch die Beschäftigung mit Überirdischem und Irdischem unterschieden.

Man sieht an beiden, an Hegel wie an Freud: Je mehr einer vom Geist hat seiner Epoche – je mehr ist er auch von deren Geistes*krankheit* befallen. Offenbar ist das eine nie zu haben ohne das andere ...

Es gibt keine Formel, *zeitlos* richtig zu handeln: Jeder ist umgebungs- und zeitgeistinfiziert, wenigstens für ein Dutzend Jahre, meist die aktiven. Auch darf die glückverdummte – das heißt *immer*: vielleicht auch von Krisen geschüttelte, doch stets von den Krisen ihrer Großväter *verschonte* – Generation der Enkel nicht auf ihre Alten mit dem Finger zeigen!

1933, als sie aus KPD, SPD oder von den Bürgerlichen zur Hitlerpartei überliefen – sogar Kommunisten wurden sehr gern von den Nazis übernommen; das Volk spottete: «Der ist schon hinter der roten Fahne hergelaufen, bevor das Hakenkreuz darauf genäht war» –, um zum Beispiel Staatsbibliothekar oder Friedhofsgärtner bleiben zu dürfen, da *konnten* die Leute noch nicht sehen, wer Hitler war! Und der Nazi oder SPD-Mann, der später Ulbricht-Genosse wurde, damit seine

Kinder aufs Gymnasium durften, *konnte* noch nicht wissen – auch Ulbricht wußte *das* noch nicht –, daß er in 20 Jahren für 28 Jahre die Berliner Mauer errichten würde. Und als die Mauer sie selbst eingesperrt hatte, gab es für sie erst recht keine Gegenwehr. Doch Nachkommen fehlt stets die Vorstellungskraft für die Schwierigkeiten der Lebensbewältigung ihrer Großelterngeneration.

Jeder Hund weiß, ein Pferd kann ich nicht fressen. Doch immerhin vier, Karl von Schweden, Napoleon, Wilhelm II. und Hitler, brachen idiotisch auf Richtung Moskau.

Zweckloses Reinmarschieren imponiert wie nichts auf der Welt: Warum sonst nennt die Geschichte Alexander «den Großen»! Warum sonst sagte Präsident de Gaulle, als die Russen ihm als Ehrengast Stalingrad zeigten: «Ein großes Volk!» – meinte aber die *Deutschen*, die hier 3000 km in ihren Untergang gestiefelt waren, nicht die Russen als Verteidiger ihrer Heimat.

Fragmente sind auch deshalb die literarische Form der Geschichte, weil Geschichte selbst nur fragmentarisch sein kann.

Chamforts Aphorismen sind so lesbar, weil sie die bei vielen anderen doch unvermeidbare Monotonie der immer nur zwei oder drei Zeilen durch Menschenskizzen in Anekdoten und Dialogen unterbrechen. Kein Zufall, auch von Carossa blieb mir jener Aphorismus in Erinnerung, und zwar als einziger, der das schauerliche «Bild» von Judenfamilien der Hitlerzeit befragt: «Hunderttausende mußten sich ihr Grab graben, ehe sie mit Maschinengewehren und Flammenwerfern getötet wurden – was ging in ihnen vor, während sie die Erde aushoben?»
   Selbst Goethe kann in seinen Maximen und Reflexionen die Eintönigkeit der immer nur zwei oder drei Zeilen allein durchbrechen durch «Bilder» wie: Madame Roland habe «auf dem Blutgerüste Schreibzeug verlangt … Schade, daß man ihr's versagte.»

Die zündendsten Appelle sind Einzeiler; so Chamforts «Guerre aux châteaux, paix aux chaumières.» (Krieg den Palästen, Friede den Hütten.) Sie zünden, weil notwendig. Büchner hat «seinen» Kernsatz dem Franzosen geklaut, sofern man nicht allgemein zeitgenössisch so sagte und also Chamfort ihn schon von der Straße in sein Notizbuch übernahm – das *legitimste* Verfahren.

Was vorhaben muß man – fürs Privatleben als Impetus meist so nützlich wie für Politik, für Geschichte fragwürdig. Doch bleibt es zwecklos, darüber nachzusinnen, denn dieser Entschluß ist mindestens in aktiven Jahren allen Lebenden ebenso angeboren wie das Atmen; so auch den noch geschichtlich aktiven Völkern, ob sie nun Krieg nach außen oder Wirtschaftskrieg nach innen führen. So ist einem langen Leben wie meinem der Inbegriff des Historisch-Pessimistischen Piranesis *Rad* von 1761, aus seinen *Carceri*.

Die Komödie in der Tragödie – als deren Ankündigung oder auch Schlußpunkt: was dann die Alten Menetekel nannten, seit Belsazar, König in Babylon, Schrift an der Wand auftauchen sah, die ihm den Untergang anzeigte. Doch werden diese Schriftzeichen von denen, die sie warnen sollten, meist gar nicht gesehen.

ZEIT / FAZ: Nur weil nicht in Berlin, sondern in Hamburg und Frankfurt ihre Redaktionen, hält man irrtümlich immer noch für denkbar, daß sie nicht offizielle Organe des Kanzleramts sind.

Intime und Familienverwicklungen machen die Geschichte durchschaubarer – wenn auch keineswegs erklärlicher als amtliche Akten und Verträge.

Als wenige Monate vor seinem Überfall auf Polen Hitler in die soeben von Speer fertiggestellte Reichskanzlei umzog – ist das Haus fertig, sagen Chinesen, kommt der Tod –, fiel die Büste Bismarcks einem

67

Möbelpacker so aus der Hand, daß sie in Scherben ging: Der Vernichter des Reiches hatte dessen Gründers Kanzlei abreißen und durch die neue «ersetzen» lassen …

Als Hitler unter dem Tarnwort «Barbarossa» – das sollte einen Feldzug nach Süden vortäuschen –, die ersten wenigen Zeilen zur Vorbereitung des Gewaltstreiches gegen Rußland diktierte, hat er das – *wann* getan? Am 18. 12. 1940. Nimm den Punkt weg zwischen 18 und 12, und du liest das Jahr 1812, in dem Napoleons Armee durch den russischen Winter vernichtet wurde! Hitler schickte seine Soldaten ohne Handschuhe los – so sicher waren er und seine Offiziere, nach weniger als nur zwei Monaten schon warm im Kreml zu residieren. Stabschef Halder notierte am 3. Juli 1941: «Es ist wohl nicht zuviel gesagt, wenn ich behaupte, daß der Feldzug innerhalb 14 Tagen gewonnen wurde» – die größenwahnsinnigsten Zeilen, die je ein Deutscher zu Papier gebracht hat!

Sogar eine CDU-Kanzlerin zeigt sich gekränkt, daß es praktisch keinen einzigen Berliner Großbetrieb gibt, der nicht noch zum 31. Dezember eine Menge Mitarbeiter liquidierte … Bevor sie Kanzlerin wurde, hat sie nicht eine Minute gezögert, den Entlassungs-Wahn gutzuheißen, wie alles, was das Einkommen der Großen steigert und das der Kleinen minimiert. Sie war sogar, solange sie nicht im Kanzleramt saß, eine vehemente Befürworterin des Raubtierkapitalismus: Als der Deutsche-Bank-Chef, der Eidgenosse Ackermann, zum erstenmal vor Gericht gestellt wurde, Seite an Seite angeklagt mit dem Gewerkschaftsbonzen Zwickel, weil beide anläßlich des Verkaufs von Mannesmann nach England kriminell hohe «Abfindungssummen» im Aufsichtsrat genehmigt hatten – vierzig Millionen an den Kriminellen, der diese Verschleuderung einer deutschen Firma an die Briten eingefädelt hatte, völlig ungerührt, wie viele Arbeitsplätze um Mannheim das kosten werde –, da zeterte Frau Merkel, einen Manager wie Ackermann vor Gericht zu stellen «gefährde den Wirtschaftsstandort Deutschland»!
Daß Bank- und Gewerkschaftsbonze auf Tuchfühlung wegen des

gleichen Delikts auf der gleichen Anklagebank saßen, war der letzte Beleg, daß Links und Rechts überhaupt keine Kategorien mehr sind – austauschbar wie zwei Hüte.

Die Lustseuche der Großen: «Entlassen», hat auch Berlin als Wirtschaftshauptstadt Deutschlands zu seiner Touristenmetropole erniedrigt, will sagen, zu einer Stadt, die sich nicht aus sich selbst ernährt, sondern nur dank der Fremden.

Die mexikanische Kultur der Azteken wurde binnen eines Nachmittags von den Spaniern vernichtet: Sie hatten Pferde dabei, sogar einige Schimmel, weshalb die dann Ermordeten, weil sie noch nie ein Pferd gesehen hatten, sich *nicht* wehrten – sondern dem Wahn erlagen, die Götter seien zurückgekehrt. Aber gegen Götter wehrt man sich nicht!

Die Wellen wie das Wollen! Erstaunlich! Daß selbst bei Taifunen noch die Wellenwalzen, zehntausendtonnenschwer, nicht «voran»-kommen, sondern, Spasmen ohne Endzweck, Entkrampfung durch Erschöpfung, nur hoch- und abtoben; daß die Seen noch bei Orkanböen *auf der Stelle* anschwellen, steigen, sich bäumen, um in sich selber zusammenzubrechen – durchaus ohne Beziehung zu einem Ganzen, einem «Gesamtablauf», den es zweifellos in der Natur sowenig gibt wie in der Geschichte …

Neun Wellengänge, deren Höhen sich steigern – dann das Ende. Neun Generationen sind 300 Jahre; jedes Jahrhundert verschleißt drei Generationen. Mir fiel auf – total unerklärlich –, wie viele der bedeutenden Herrschergeschlechter genau 300 Jahre an der Macht waren: Also neun Generationen, dann kam ihr Ende; nicht selten aufs Jahr genau.

Bei Stalins Tod im Kreml: General Wolkogonows Beschreibung, wie unmittelbar nach Stalins Tod die im Kreml Höchstgestellten sich beeilten, dessen Panzerschrank aufzubrechen und jene Dokumente zu vernichten, die sie selber betrafen, jene aber an sich zu bringen, die sich mit ihren Rivalen beschäftigten, setzt ein unübersehbares Fragezeichen hinter jede historische Betrachtung.

Was stimmt denn überhaupt, keineswegs nur aus der Stalin-Epoche, sondern aus *allen* Epochen der Geschichte, die krisengeladen waren? Und welche waren es *nicht* … gemäß dem Witzwort: Trauen darf jeder nur dem, was er selbst gefälscht hat.

Keine Attentate im Ostblock: Besteht ein Zusammenhang – man muß das fürchten – zwischen dem stumpfsinnigen Gleichmut, mit dem sonst von Natur wache und freiheitsliebende Völker schafgeduldig die unglaublichsten Miserabilitäten ihres Alltags ertragen haben, und der Staatsform des Einheitspartei-Sozialismus? Beispiele Jugoslawien und Rumänien.

Ist ein Volk denkbar, das heldenhafter als die Jugoslawen unter Tito der Wehrmacht Hitlers widerstanden hat? Dieses gleiche Volk aber läßt sich nach Titos Tod eine Wirtschaftsmisere gefallen, die beispiellos jedenfalls in seiner eigenen Geschichte ist. Dieses Volk hat dank seiner Mittelmeerküste einen freien Rücken, kein Rotarmist steht als Besatzer im Lande – dank Tito, der bereits den Mut hatte, Stalin die Freundschaft aufzukündigen. Dennoch: Nie hört man davon, daß Jugoslawen einen ihrer Unterdrücker totgeschlagen, ja auch nur in Belgrad eines der Ministerien gestürmt haben, die – wieder Beispiele – die Gebühren für Telefonate mit dem Ausland um dreihundert Prozent verteuert haben! Und die einem Offizier, der im Krieg einen Arm verloren hat, knapp zweihundert Schweizer Franken Rente zahlen, doch Brot auf einen Schlag um siebzig Prozent teurer machen! Dieses Land hat mehr Dienstwagen als jedes sonst auf der Welt – doch die Apathie des im 19. und 20. Jahrhunderts so rebellisch gewesenen Volkes hat dank der – angeblich «sozialistischen»– Einheitspartei jenen Grad erreicht, daß nicht *einer* das Auto eines Bonzen in Brand steckt …

Noch schlimmer Rumänien, dessen Staats- und Parteichef, Alleinherrscher seit 1965, endlich als Letzter des Ostblocks im Dezember

1989 vom Volk mit Hilfe des Militärs an die Wand gestellt wird. Er hat zuvor schönste Altstadtstraßen von Bukarest abgerissen, um sein eigenes Mausoleum zu erbauen; hat sein Eheweib zur Ministerin gemacht, Kinder, Vettern, Onkel mit Ministerien und ähnlichen Pfründen bestückt; dann ganze Dörfer, jahrhundertealte, geschleift, um an deren Stelle Ackerland zu setzen und die Bauern in Hochhäuser umzusiedeln! Und obgleich doch die Reformfreudigkeit der letzten kommunistischen Kreml-Chefs es im höchsten Maße unwahrscheinlich gemacht hatte, daß die Rote Armee zugunsten des rumänischen Tyrannen und dessen Mitverbrechern einmarschieren würde, brauchte es immer noch ungefähr fünf Jahre, bis endlich die Rumänen «ihren» Ceauşescu an die Wand stellten. Aber auch nur deshalb dann, weil Ceauşescus «Securitate» z. B. in Temesvar und Arad am 16./17. 12. 1989 noch heute Ungezählte massakriert hatte.

Noch einmal: Dieser Mensch war von 1965 bis Ende 1989 an der Macht, ohne daß je ein Attentat auf ihn verübt worden wäre – die *Schande* seines Volkes!

Kein Zweifel, es ist die als «Sozialismus» den Völkern *aufgezwungene* Staatsform, die diese Willenslähmung, diese totale Denaturierung und Entmannung sonst so freiheitsbewußter Nationen verschuldet hat.

Was Kleinvieh vom Großvieh erwarten darf: Seit dem Gefrierpunkt des Kalten Krieges ab 1950 gab es ein Geheimabkommen Kreml–Weißes Haus: Komme es zum Krieg, werde der niemals *zu Hause* eine Fensterscheibe zertrümmern, also nicht in Rußland oder den USA, sondern garantiert nur in Ländern ihrer Bündnis-«Partner». Selbst Adenauer hat von dieser Treulosigkeit, erstmals in der Weltgeschichte, nie erfahren.

Gehen wir doch von der Voraussetzung aus, daß der Mensch sich fast nicht ändert in der Geschichte; es gibt zwar den Fortschritt vom Pferdewagen zum Autobus, wenn das einer ist, aber die menschliche Natur macht ja keine Fortschritte – oder nehmen Sie an, daß etwa die

Natur, die Fähigkeiten eines, sagen wir: eines Staatsmannes von Perikles bis Roosevelt «fortgeschritten» seien? Die Geschichte und der sie macht, der Mensch, wuchern nicht weiter in Stufen, nicht *treppauf*, sondern in *Flächen*; ihre Handlungszentren verlagern sich.

Die zwei lächerlichsten Anekdoten der deutschen Geschichte: Heisenberg, mit Himmler befreundet; Weizsäcker, Sohn von Hitlers Staatssekretär, reisen 1941 in das von Deutschen besetzte Kopenhagen, den Versuch zu machen, Niels Bohr nach Berlin abzuwerben, zur Mithilfe beim Bau einer Atombombe für Adolf Hitler! Bohr ist «jüdisch versippt», wie das im Rotwelsch der deutschen Mörder und Besatzer heißt. Bohr begreift, flieht sogleich über das neutrale Schweden nach London, den Briten, im Krieg auf Leben und Tod gegen das Nazireich, zu bestätigen: Supergeheim – auch die Deutschen bauen die Bombe!

Zweite Narretei: Generalstabschef Halder schreibt ins Tagebuch, nachdem er im Vorjahr für Hitler binnen sechs Wochen Frankreich überrannt hat, daß er glaubt, in nur drei Wochen hätte Deutschland Stalins Rußland besiegt ... Irving fand dieses Tagebuch in Washington.

Frage: Wie konnten drei überdurchschnittlich Intelligente, nur weil Hitler sie für seine Untaten engagiert hatte, derartig um Verstand und Anstand gebracht werden?

In der schiffereichsten Seeschlacht der Geschichte, 1916 am Skagerrak, konnte die nur halb so starke deutsche Flotte der britischen doppelt so hohe Verluste zufügen wie die britische der deutschen. Warum?

Weil britische Großkampfschiffe von deutschen nicht niedergekämpft werden mußten, da einheitlich ihre Deckpanzerung dermaßen *schwach* war, daß jeweils die erste deutsche Salve in die Munitionskammern durchschlug. So auch beim Flaggschiff des britischen Admirals Hood, der mit seinen Matrosen in die Luft flog. Weshalb dann beim Sieg 1918 das jetzt neue Schlachtschiff, das tonnagestärkste der Welt, selbstverständlich auf den Namen *Hood* getauft wurde ...

Doch die «kalte Wut des Berufsdünkels» (Lloyd George) verhinderte, daß die britischen Ingenieure die Folgerungen aus der Skagerrak-Schlacht zogen. Sie ignorierten, was sie aus ihr hätten lernen müssen, und panzerten das Deck der neuen *Hood* abermals total unzureichend, so daß auch dieser Achtundvierzigtausendtonner ein Vierteljahrhundert später schon in die Luft flog, als die erste Granate der *Bismarck* auf seinem Deck einschlug: Nur *drei* von über *1700* Mann Besatzung überlebten; die Explosion hatte sie kilometerweit übers Meer geschleudert.

Resümee: Ein Brett vor dem Kopf hat *jeder* – doch der Fachmann hat es vor den *Augen*.

Das belegt auch die Mißhandlung jenes Billy Mitchell, der zwischen 1919 und 1925 stellvertretender Chef der amerikanischen Luftwaffe war. Er sagte nicht nur voraus, er *bewies* anhand praktischer Versuche an deutschen Beuteschiffen aus dem Ersten Weltkrieg, daß Schlachtschiffe ins Museum gehören, weil sie Luftangriffen mit Bomben und Torpedos nicht standhalten können. Mitchell zeigte das also 20 Jahre vor dem Hitlerkrieg den Marinesachverständigen aller Nationen. Er wurde strafversetzt. Endlich «ging er damit an die Presse», wie jene Idioten sagen, die verurteilen, wenn einer die Öffentlichkeit alarmiert, der sonst kein Gehör findet. Mitchell wurde deshalb unehrenhaft entlassen!

Noch mindestens 34 Schlachtschiffe wurden bis Kriegsbeginn gebaut. Ergebnis: Die Amerikaner verloren alle acht Schlachtschiffe, die sie im Pazifik hatten, in der ersten Stunde des Krieges durch japanische Flugzeuge. Die Deutschen verloren zwei Schlachtschiffe – mehr hatten sie nicht – durch britische Flugzeuge. Die Briten verloren durch Flugzeuge die zwei Schlachtschiffe – mehr hatten sie vor Japan nicht – im ersten Gefecht, das sie im pazifischen Krieg auszustehen hatten. Niemand hat die Matrosen gezählt, die hier der «kalten Wut des Berufsdünkels» geopfert wurden …

Als Jesuitenpater Delp, Hitler-Gegner, zum Galgen geführt wurde, sagt er zu dem Pfarrer, der zwar nicht mitgehen, doch ihm die letzte Ölung geben durfte: «In fünf Minuten, Amtsbruder, weiß ich mehr als Sie!» Beneidenswert, daß Delp sich dessen sicher sein konnte …

Jeder Kult verursacht Schuld.

Die Wirtschaft – das Schicksal: jedenfalls für Völker ohne Krieg.

«Die These, daß wir die politische Weltgeschichte unmittelbar als das Werk Gottes verstehen können, ist Gotteslästerung», schreibt Karl Popper.

Mein Freund Henner fragt, als er in Klemperers Tagebuch über dessen Flucht aus dem brennenden Dresden gelesen hat: «Der konnte doch nach Bayern nur entkommen, sich den Judenstern abreißen, seine Papiere wegschmeißen und irgendwo als Nichtjude anmelden, um Lebensmittelmarken zu kriegen, weil Gott sei Dank auch alle Ämter in Dresden zerbombt waren. Rechtfertigt nicht schon allein die Rettung dieses *einen* Mannes vor Auschwitz im metaphysischen Sinn das britische Bombardement?»

Heikelste aller Fragen zum gerechten Befreiungskrieg …

Mußte tatsächlich Gott die Stadt erst verderben wie Sodom und Gomorrah, weil nur so die wenigen «Gerechten» in Dresden noch zu retten waren vor Auschwitz? Vor ihrer Vergasung? Denn mit dem furchtbaren Preis – 35-40 000 totgebombte Dresdner, vielleicht 90 000, nie mehr herauszufinden, weil zweifellos noch über hunderttausend Flüchtlinge vor der Roten Armee auf Dresdens Straßen – war auch ein solches Chaos entstanden, daß kein Polizist fliehenden Juden mehr nachsetzen konnte.

Muß ich als Neffe der Judensternträgerin Irma Hochhuth, Wiesbaden, Friedrichstraße 7, nicht folgern, daß sie sich ebenso hätte retten können wie Victor Klemperer, wäre auch Wiesbaden mit einem Feuersturm durch britische Bomber weggemacht worden?

In Umkehr der Verheißung, Gott werde Sodom *nicht* verderben, wenn auch nur zehn Gerechte darin wohnten, wär's doch ruchlos, so weit zu gehen: *absurd*. Denn viele Gerechte unter nichtjüdischen Dresdnern – auch *das* bezeugt dankbar Klemperer – haben Juden *geholfen*! Und kamen trotzdem um, wie dort mindestens auch dreißigtausend Kinder. Sie waren so wenig mitschuldig an Hitler wie die in Dresdens Nachbarstädtchen Auschwitz vergasten – auch nie *genau* zu Zählenden.

W i r   h a b e n   keine neuen Fakten, wir versuchen, altbekannte auszulegen hinsichtlich des – oft irrationalen – Verhaltens derer, die sie geschaffen haben oder an ihnen starben.

L i e s t   m a n   als Deutscher Memoiren, Briefe, Tagebücher deutscher Politiker und Botschafter oder Geheimdienstchefs, so fühlt man sich oft gedemütigt. Entweder, weil Gescheite, die exakt vorausgeschrieben haben, was zum Unheil führte, zu Hause im Berliner Auswärtigen Amt nicht gehört wurden; zum Beispiel des Kaisers letzte Botschafter in London und Washington: Lichnowsky und Bernstorff. Oder weil die Buchhalternatur selbst gewiegter und entschlossener Verschwörer gegen Hitler, so Hitlers Geheimdienstchef, Mitverschworene wie auch den Autor Canaris selber allein deshalb an den Galgen brachte, weil sie Tagebuch (!) schrieben und dieses sogar im Panzerschrank ihres Büros aufbewahrten … Einer, der Hitlers Tod mitplant, doch überhaupt nicht für denkbar hält, das Attentat könne schiefgehen, er geschnappt und sein Panzerschrank aufgebrochen werden!

Der Zufall, daß Ulrich von Hassells Journal nicht gefunden wurde nach dem Attentat auf Hitler, hat viele vor dem Strang gerettet. So den Politiker Gerstenmeier, der «nur» Zuchthaus erhielt, doch hingerichtet worden wäre, wie Hassell hingerichtet wurde, hätte man das Tagebuch gefunden. Hassell muß im Ernst geglaubt haben, man komme deshalb nicht auf Gerstenmeier, weil er den im Tagebuch Roggenmüller nannte …

Und bringen deutsche Generäle es endlich einmal fertig, in Hitlers Flugzeug – bei seinem letzten Frontbesuch, Heeresgruppe Mitte, Poltawa – eine als Flasche Cognac getarnte Sprengladung einzuschmuggeln, angeblich als Mitbringsel für einen Mitverschworenen in Hitlers Hauptquartier, dann explodiert der Zeitzünder nicht! Diese Generäle hätten vermutlich jeden Unteroffizier erschossen, hätte sein Sprengsatz versagt, wenn er den Befehl ausführen sollte, eine Brücke in die Luft zu jagen.

Die Atombombe konnte zwar nicht den Krieg abschaffen, denn Menschen finden immer einen «Grund». Doch konnte sie immerhin auf weiten Gebieten des Planeten die Umwandlung des Krieges zum Bürgerkrieg bewirken, was nach Zahl der Opfer ein Fortschritt ist. Und zum Wirtschaftskrieg, der auch seine Opfer ruiniert, die Arbeitslosen, doch sie nicht auf der Stelle tötet, sondern durch Seelenkrebs, was Jahre dauert.

Je nebbicher der Kriegs-«Grund» – je exemplarischer für alle. Wir Europäer haben bereits zur Wende des dritten Jahrtausends vergessen, daß der Kalte Krieg zwischen Moskau und Washington uns nur deshalb nicht in eine Wüste umwandelte, weil *beide* Lager die Atombombe hatten. Die als Landesverräter hingerichteten oder zu langen Zuchthausstrafen verurteilten Patrioten in den USA und England, die endlich für das Gleichgewicht der Kräfte gesorgt hatten, retteten Europa, indem sie erst der Drohung des Kreml-Herrn Chruschtschow 1958: «Am ersten Tag des nächsten Krieges verbrennt die Bundesrepublik Deutschland», ihre Glaubwürdigkeit gaben.

Natürlich konnten auch die Brüder Kennedy während der Kuba-Krise nur deshalb den Frieden erhalten, weil sie ihre Atomraketen aus der Türkei ebenso zurückzogen, wie Chruschtschow darauf verzichtete, seine auf Kuba in Stellung zu bringen.

So gekauft von Banken und Konzernen die FAZ, die längst das Wort «Entlassungen» meidet, dafür Rauswurf fälscht entweder in «Umbau der Deutschen Bank» (so in der Stadtausgabe) oder in der überregionalen in «Umbau». Und in der gleichen Ausgabe auf einer Spalte: Arbeitsamts-Fahnder hätten illegal Arbeitende in Kiosken erwischt, die dort zu ihrem Arbeitslosengeld noch dazuverdient hätten. Und auf fünf Spalten samt Ackermanns Farbfoto, wie er vor 4000 Aktionären der Deutschen Bank den Rekordgewinn in ihrer hundertdreißigjährigen Geschichte verkündet: Reingewinn 9,8 Milliarden Euro, Erhöhung seines persönlichen Gehalts von 6,9 auf 11 Millionen Euro und Entlassung abermals von einigen tausend Mitarbeitern.

Vorsatz: Keinen Gedanken notieren, der nicht an Menschen zu veranschaulichen ist, an deren Umwelt oder Inwelt. So sind Ursprungslegenden wie jene, daß Kain Abel, Romulus seinen Bruder Remus erschlug, den Abhandlungen über Brudermord vorzuziehen, weil sie sich durch Bildkraft einprägen und Intellektuelle vor einer der Gefahren schützen, denen *alle* ausgesetzt sind: sich etwas einfallen zu lassen, was willkürlich ist, statt dem Studium der Welt und ihrer selbst zu entspringen. So ließ Hegel sich einfallen, Vernunft müsse in der Geschichte sein, nur weil er hoffte, das sei so. Dagegen Thomas Manns Leitwort: «Man soll sich nichts ausdenken, sondern aus den Dingen etwas machen!»

Der einzige Ehrliche: Zum 60. Jahrestag des Attentats auf Hitler, am 20. Juli 2004, erschienen im Fernsehen zahllose als «Dokumentation» verbrämte Heldenfilme, die den irreführenden Eindruck in den nun schon zwei Nachkriegs-Generationen erwecken mußten, Hitlers Generäle, die fünf Jahre lang bedenkenlos für den Braunauer «ihre» Soldaten verheizt und sich dafür seine Ritterkreuze an den Hals «verdient» hatten, seien stets seine Gegner gewesen und hätten während des ganzen Krieges nur mit dem Gedanken gespielt, ihn durch ein Attentat zu ermorden …
Das Gegenteil war der Fall – wie der einzige Ehrliche, (kein General,

nur ein Leutnant), den ich entdecken konnte, ganz offen zugegeben hat: Heinrich Graf Einsiedel, Urenkel Bismarcks, bei Stalingrad als Flieger 1942 blutjung von den Russen gefangen, antwortete mir: «So dachten wir doch alle!», als ich ihn fragte: «Wie konnte Hitler so närrisch sein, mit einem völlig ungeschlagenen Churchill im Nacken seinen getreuen Rohstoff-Lieferanten Stalin zu überfallen?»

Einsiedel antwortete: «Weil wir doch im Vorjahr Frankreich überrannt hatten, ohne daß England deshalb friedensbereit gewesen wäre – jeder Deutsche wußte, landen können wir nie auf der Insel –, dachten wir alle ganz genauso wie Hitler: Sind wir erst im Kreml, fällt für England jeder Kriegsgrund weg, dann lenkt Churchill ein … Wir schlossen Wetten, nicht nur wir Jungen, auch Generäle, ob wir abermals sechs Wochen benötigen würden, nach Moskau zu kommen, so wie wir ein Jahr zuvor, Paris zu erobern, nur sechs Wochen gebraucht hatten! Oder ob wir Moskau sogar in nur vier Wochen besetzen könnten.»

Diese deprimierende Anekdote – Graf Einsiedel lebte als PDS-Abgeordneter 2004 noch in München, konnte das jedem bezeugen – wirft Probleme ersten Ranges zur *Verhaltensforschung* auf: politische, geschichtliche, private.

Natürlich kein Zufall, daß die machtvollste und *daher* feigste und verlogenste aller deutschen Institutionen, das Fernsehen, ausgerechnet diesen Zeugen *nicht* befragt hat. Denn Einsiedel war der jüngste jener Offiziere, die sich als Gefangene der Russen zum «Nationalkomitee Freies Deutschland» zusammenfanden, weil sie als Patrioten der Auffassung waren, mit Rußland Frieden zu machen sei das oberste Gebot, um ein Restdeutschland nach dem Ende Hitlers zu retten. Deshalb wurden diese Offiziere in der rheinisch konservativen Nachkriegsgründung BRD als Kommunisten verteufelt, ja als Landesverräter, und sind in der von Adenauer gegründeten Nachkriegsrepublik niemals gesellschaftsfähig gewesen, bis heute nicht. Konsequent, daß der jetzt Mitte achtzig alte Graf PDS-Abgeordneter ist …

Einsiedels Bekenntnis, daß mit dem Einmarsch Hitlers in Paris der Verstand auch aller seiner Offiziere verflogen war, bestätigte auch der frühere Bundespräsident von Weizsäcker am 20. Juli 2004 im Fernsehen. Der Attentäter Graf Stauffenberg habe ihm zwei Jahre vor seiner Tat, damals noch Offizier in Hitlers Afrikakorps, begeistert erläutert: Jetzt müsse Hitlers Marschall Rommel Ägypten überrennen, dann den vorderen Orient und Rußlands Kaukasus erobern, um sich bei Stalingrad mit Hitlers sechster Armee, die alsbald dorthin aufbreche, zu vereinigen.

Den Inkommensurablen nennt Jacob Burckhardt nur *einen* Menschen: den Jüngling Alexander.

Ich erlaube mir, Churchill so zu nennen, der in der Historie so inkommensurabel war wie nur Michelangelo in der Kunst. Denn allein Churchill hat – im Gegensatz zu Alexander, Cäsar, Napoleon, die Eroberer gewesen sind – die rarste, ja die einzigartige Mitgift zur Ruhmbildung: kein Eroberer, sondern ein Erretter gewesen zu sein, tatsächlich der einzige, der für das eigene Land kein Dorf annektiert hat! Und sein England ging freiwillig in den Krieg, von Hitler nicht angegriffen: nur zur Befreiung anderer Völker.

Seit gut 60 Jahren erlebe oder lese ich Geschichte. Doch entdeckte ich bisher nur zwei Fakten, die ich nicht schon in Büchern anderer gefunden habe: Erstens: Beschäftigungstherapie, die zum Tode führt, ist der Zweck jeder Generation, der stets erreicht wird. Daß aber Geschichte im ganzen, gar Kontinente übergreifend und über den einzelnen Zeitraum höchstens zweier (meist nur einer!) Generationen hinaus, ein *Ziel* habe oder gar einen *Sinn*, der dann sogar den Enkeln derer, die damals handelten, noch sinnvoll erscheint, das ist ebenso oft behauptet wie niemals belegt worden. Deshalb nicht, weil es niemals vorkam!

Nichts anderes hat die europäische Geschichte jahrhundertelang so kriegerisch bewegt wie der längst obsolete Quatsch, der einst «Elsaß-Lothringen» hieß! Kein Sterblicher kann mehr begreifen, warum diese zwei Provinzen für ein halbes Jahrtausend die Beziehungen Deutschlands zu Frankreich verseucht hatten. Einzige Ausnahme von all solchen zu Nichtigkeiten verjährten provinziellen Reibereien sind die allein zeitlos gültig gebliebene: Freiheits- und Befreiungskriege das einzig Ethische in der Geschichte.

Leitende «Ideen», also *vorübergehender* Wahnsinn, bestimmen jede Epoche, so heute der Trieb, Europa zu vereinen – statt sich mit de Gaulles «Europa der Vaterländer» zu begnügen, das für jeden, der in ihm gelebt hat, groß und reich und frei genug war! Statt wie heute Rechte und Arbeitsplätze von Staaten wie von einzelnen wegzufusionieren – viele sagen sogar: wegzu*ratio*nalisieren, obgleich dies das Gegenteil von Ratio ist. Wirtschafter, die in Essen oder London Arbeiter entlassen, weil einer in Prag oder Peking es billiger macht, sollte man wegrationalisieren.

Der Erste Weltkrieg ist deshalb aufschlußreicher für historisch Interessierte als der Zweite, weil der Hitlerkrieg nur von *einem* gewollt und gemacht wurde. Und weil Hitler – im Gegensatz zu den Führenden von 1914 – nicht normal war, sondern extrem: der geborene Psychopath und daher Massenmörder. Den zu studieren, dem Auschwitz einfiel, bringt für die Erkenntnis des Menschen in der Geschichte so wenig wie psychiatrische Studien über Jack the Ripper oder Haarmann. Kein Zufall, daß es der Psychiater unter den Philosophen war, Dr. med. Karl Jaspers, der geschrieben hat: «Nicht Hitler ist schuld, sondern die Deutschen, die ihm folgten. (Hitler würde bei einem Gerichtsverfahren zwar nicht die freie Willensbestimmung abgesprochen, wohl aber eine ‹verminderte Zurechnungsfähigkeit› aufgrund eines psychiatrischen Gutachtens über seine bis ins zwölfte Lebensjahr zurückzuverfolgende organische Krankheit – Encephalitis lethargica mit Ausgang in Parkinsonismus zugesprochen.»

Bedeutender als Hitlers und seiner österreichischen Landsleute Vermutung oder Gewißheit, er sei Vierteljude, ist die bis heute nicht bekannte, obgleich 1981 in Dietrich Güstrows Memoiren: *Tödlicher All-*

tag. Strafverteidiger im Dritten Reich ausführlich dokumentierte Aussage des Hitler-Mitschülers Eugen Wasner, der geköpft wurde, weil er an der Front zu Kameraden gesagt hat: «Ach, der Adolf! Der ist ja deppert schon von kleinauf, wo ihm doch ein Ziegenbock den halben Zippedäus abgebissen hat!» Und, vom Staunen seiner Kameraden angespornt, hatte er ergänzt: «Jawohl, ich bin doch selbst dabeigewesen. Eine Wette hat er gemacht, der Adi, daß er einem Ziegenbock ins Maul pinkeln würde. Als wir ihn ausgelacht haben, hat er gesagt: ‹Kommt's mit, wir gehen auf die Wies, da ist ein Ziegenbock.› Auf der Wies hab ich den Ziegenbock festgehalten zwischen meinen Beinen, ein andrer Freund hat dem Ziegenbock mit 'nem Stock das Maul aufgesperrt, und der Adolf hat dem Bock ins Maul gepinkelt. Grad als er dabei war, hat der Freund den Stock weggezogen, der Bock hat hochgeschnappt und dem Adolf in den Zippedäus gebissen. Geschrien hat der Adi da aber fürchterlich und ist heulend davongelaufen!»

So Eugen Wasner im Kameradenkreise. Dietrich Güstrow, als der vom Militärgericht *amtlich ernannte* Pflichtverteidiger Wasners, schreibt in seinen Memoiren: «Als ich Wasner das erste Mal gesprochen und anschließend die Gerichtsakte eingesehen hatte (im Wehrmachtsuntersuchungsgefängnis Berlin-Spandau), war ich ziemlich entmutigt. Ich redete ihm mit Engelszungen zu, seine Aussage vor dem Kompanieführer zu widerrufen … Aber mit Wasner war nicht zu reden, auch nicht, als ich ihm sagte, daß ihn dies voraussichtlich den Kopf kosten würde. Er blieb hartnäckig. Er erklärte, ein gläubiger und wahrheitsliebender Katholik zu sein, und was er gesagt habe, sei wahr, und wenn er deshalb sterben müsse, so würde er eben unschuldig verurteilt wie Jesus Christus, der ja auch habe sterben müssen. Aber man könne den Führer ja befragen über jenes Jugenderlebnis. Hitler werde die Geschichte, wenn er wahrheitsliebend sei, schon nicht abstreiten. Denn der Bruno Kneisel habe dem Ziegenbock ja die Maulsperre verabfolgt und dann vorzeitig den Stock aus dem Maul gezogen, der könne das auch bezeugen.»

Güstrow erzählt dann, daß ein prominenter Psychiater der Berliner Universität Wasner für absolut normal erklärt habe. Und daß der Zeuge

Kneisel ein Jahr nach Hitlers Einzug in Wien dort an Lungenentzündung gestorben sei: «Mich beschlich der hartnäckige Verdacht, daß sein früher Tod mit dem Ziegenbock-Erlebnis zu tun gehabt haben könnte. Der Arm des Führers war lang, wenn es um sein Vorleben ging: dafür gab es genügend Beispiele.»

Grillparzer *warnt* geradezu, die Berühmten verstehen zu wollen, «ohne die Obscuren an ihrer Seite durchgefühlt zu haben». Hitler ist der einzige Mensch, der sogar *gehend,* «die Front abschreitend», nicht nur dann, wenn er im Stehen fotografiert wurde, fast immer seine Hände über der Pudenda hielt. So daß Frauen, die ihn meist abgöttisch liebten, beunruhigt witzelten: «Unser Führer verdeckt den einzigen Arbeitslosen!»

Während Marx unterstellt, daß die Inhaber der *Besitztümer* die Unterdrücker sind, ist aus der Geschichte abzulesen: Die Inhaber der *Macht* müssen als die wahren Unterdrücker stets erneut ausgewechselt, das heißt beseitigt werden – allein durch «Abwahl» war das nie zu machen, sondern leider nur durch Gewalt.

Ein besitzloser proletarischer Diktator, ein Stammeshäuptling, der nicht das Kapital hat, einen Lendenschurz zu kaufen – sind ebenso tyrannisch wie ein absoluter Monarch, dem persönlich dreißig Prozent des Staates gehören. So war das stets. Sonst hätten ja Kirchenfürsten, denen oft persönlich nicht mehr gehört hat als das, was einem Kreml-Chef persönlich gehört – sonst hätten ja diese Besitzlosen nie das Bedürfnis gehabt, materiell oder geistig ein Volk zu unterjochen.

Wie Tocqueville die Demokratie, so hielt Karl Marx den Kommunismus für Gleichheit. Gleichheit aber, will sagen, gleiche *Rechte* – sind keinem Gesellschaftssystem einzuprogrammieren, da allenfalls das Nationalvermögen – wie einst in Europa –, niemals aber die Verfügungsmacht über dieses Vermögen unter Gleichen gleichgemäß aufteilbar ist.

Der säkularisierte Eschatologe Marx, der sich wie kein anderer Sterblicher abmühte, den Menschen zu befreien von der Macht, die der Mitmensch über ihn ausübt, wurde das tragische (und komische) Opfer seiner idealischen Meinung vom Menschen: Er hielt für denkbar, ja für anstrebenswert, daß eine politisch-wirtschaftliche Organisation ohne ihren Kontrolleur auskomme. Nun kommt aber schon jeder einzelne mit nur seinem Gewissen nicht aus, sondern *bedarf des Nebenmenschen*, der ihn kontrolliert. Marx aber hielt für möglich, nicht nur dem einzelnen, sondern dem Staat den Kontrolleur zu ersparen – und ermächtigte mit diesem Denkfehler *einen*, den Staat, zum absoluten Kontrolleur über alle.

Allein ihre Schwächung humanisiert Großmächte: Jeder Staat hat genau das Maß von Anstand, das dem Maß seiner Angst entspricht. So ist die tiefste politische Logik im Alten Testament das Gleichnis von der babylonischen Sprachverwirrung – die Menschen sollen nicht zur Einheit kommen, zum Weltstaat, zu einer Sprache: Es wäre das die Auslöschung aller Freiheit, die ihrer Natur nach niemals in einem Staat, in einem System, einer Religion oder Partei zu finden ist – sondern allenfalls zwischen mehreren, die sich so hart aneinander reiben, daß sie nur mühsam und niemals vollkommen das Unterdrückungsgeschäft betreiben können, das ihr Sauerstoff ist. Der Tiger, der nicht einmal beim Fressen den anderen Tiger aus dem Auge lassen kann, wird dadurch und dadurch allein daran gehindert, der Verfolgung von Kleinvieh noch gründlicher nachzugehen. Und der Mensch ist als Bürger einer Großmacht oder eines Einparteienstaates oder als Untertan des Raubtierkapitalismus nicht einmal ein Tiger, da bekanntlich dieses Vieh seinesgleichen nicht umbringt …

Erleidet man mit vielen den Verlust der wirtschaftlichen, so als einzelner den der geistigen Freiheit! Daß in New York nach der *Herald Tribune* auch die alte *Saturday Evening Post* im Konkurrenzmatch verendet ist, war nur ein Beweis mehr, daß der wirtschaftlichen Abdrosselung, was meist geleugnet wird, die geistige folgt: Nun herrscht als maßgebende Tageszeitung Amerikas die *New York Times* allein!

Leider zu verallgemeinern: Diktatur heißt Einheitspartei – Demokratie heißt Einheitspresse.

Galt bis zum Ende des Ostblocks die Formel: im Osten die totale Verfügungsgewalt über den Geist, im Westen über das Geld, so stimmt auch das wie lange schon nicht mehr! Riesen gehorchen nie auf Dauer dem Gesetz, wonach sie ideologisch begonnen, sondern dem ihrer *Riesenhaftigkeit*, die sie gleichmacht. Durfte im Osten nichts gedruckt werden, was aufrührt, so im Westen alles, weil nichts mehr aufrührt. Die Lähmung ist und war die gleiche. Nicht mehr übersehbar, daß jeder Goliath unerträglich ist – nicht aber, weil er sich rot verkleidet oder das Gold liebt oder das Kreuz: sondern weil er ein Goliath ist. Früher war das eine Banalität. Sie zu tarnen, erfand man Ideologien, nachdem Europa knapp hundert Jahre lang unterm Segen der Trennung des Staates von der Religion aufgeatmet hatte.

«Pessimismus – ein Stadium der Reife», nannte Ludwig Marcuse sein Vermächtnis. Später erweitert mit neuem Titel: *Unverlorene Illusionen*. Darf ich sagen, daß ich kein Buch eines Mitlebenden kenne und kaum eines aus der Vergangenheit, von dem ich so sehr wünschte, daß alle jene es läsen, die in die schwierigen Jahre zwischen achtzehn und achtundzwanzig kommen, in denen, wer nicht einfach als problemloser Mitläufer geboren wird, sucht und zweifelt und allein ist mit seinem Welthader. Ludwig Marcuses Lehre von der «menschlichen Anhänglichkeit» setzt sich gerade in demjenigen, dem dieses Buch noch die letzten religiösen und politischen Romantizismen ausgeschwefelt hat, in unzynische Aktivität um, in eine Politik, die nicht vom Homo politicus mehr erwartet als vom Menschen überhaupt – und die deshalb zuweilen das Erreichbare erreicht. Die etwa auch von Demokratie nichts weiter erhofft als eine Chance, das kleinere Übel zu wählen – was ja, gemessen an den großen, bekanntlich enorm viel ist …

Die Hellseherin: Auf einem Fest, das die deutsche Botschaft im Zeichen des russisch-deutschen Nichtangriffspaktes gab, war auch eine Russin geladen, weil die zum Vergnügen der Gäste als vielgefragte Wahrsagerin im Laufe des Abends, bei festlicher Laune, dem Botschafter seine Zukunft voraussagen sollte …

Doch alle waren *entsetzt*, als die Hellseherin – was ihr mühsam über die Lippen kam, obwohl sie sich ihres Blicks in die Zukunft sicher war –, zu Schulenburg sagte: «Sie werden aufgehängt, Exzellenz!»

Der Graf, weiß geworden wie sein Kragen, glaubte es sofort. Alle, die – bis dahin heiter herumstehend, zuhörend – um ihn waren, glaubten *nichts*. Einer wandte ein: «Graf Schulenburg, selbst wenn sie morgen in einem Anfall von Geisteskrankheit Ihre Gattin, Ihre Kinder ermorden, *könnten* Sie gar nicht gehängt werden, denn dieser Vollzug der Todesstrafe ist seit Generationen in Deutschland zugunsten der Guillotine abgeschafft!»

Schulenburg wurde, da von den Attentätern des 20. Juli als Außenminister der Regierung nach Hitlers Tod vorgesehen, tatsächlich erhängt, exakter: in einer Klaviersaite *erdrosselt*, indem zwei Henkersknechte ihn mit nacktem Oberkörper in die Schlinge hineinhoben, ihm die Hose herunterrissen und ihn *langsam* sterben ließen. Klaviersaiten sollen «besser rutschen», deshalb hatte Pferdemetzger Röttger sich diese Hinrichtungsart ausgedacht; auch sterben ja Erhängte nicht qualvoll, sondern ihr Genick reißt, sie sind sofort tot, was Hitler seinen Gegnern nicht «gönnte».

Mao war ebenso ein Ideologe, das heißt: Religionsstifter wie zum Beispiel Hitler, als er die Arier zu Herren ganz Europas machen und Berlin in Germania umbenennen wollte. Solche unbegrenzten Ziele verweisen *den*, der ihnen *kriegerisch* nachstrebt, in die Psychiatrie, geschlossene Abteilung!

Aischylos in seinen *Persern* hat das zuerst festgestellt: Dort sagt der Geist des verstorbenen Königs Dareios über seinen Sohn Xerxes, weil der den Hellespont überschreitet, das heißt, seine Streitmacht bei Salamis – wo der Dichter mitgekämpft hat – in den Untergang führt, der Sohn sei wahnsinnig, geisteskrank, verrückt … Sind Eroberer *ohne Maß* jemals *nicht* gescheitert?

Stalin, Churchill, Roosevelt waren Realisten, die nur Erreichbares anzielten. Dagegen haben Jesus, Mohammed und Mao und ausnahmslos *alle* Religionsstifter Welteroberungspläne «nur» gehegt, weil sie *verrückt* waren. Stalin dagegen hat Trotzki verjagt, dann ermordet, weil Stalin maßvoll keineswegs den Kommunismus in *alle* Länder tragen wollte, was Trotzkis idiotisches Ziel gewesen ist. Sogar Wilhelm II., als er dem gar nicht mehr kämpfenden Rußland noch die Ukraine abfetzen wollte, war derart *verrückt* geworden vor Siegesrausch, daß er vergessen konnte, den Krieg gegen Frankreich, England, die USA schon fast verloren zu haben … Er hatte den Verstand eingebüßt, weil es ihm als erstem überhaupt geglückt war, Rußland zu schlagen.

Zwei Geisteskrankheiten – Dogmen genannt – retteten das 20. Jahrhundert vor seinen zwei Gefährlichsten: Ohne seinen «Rassequatsch» (Spengler) hätte Hitler zum Weltbeherrscher werden können. Denn nicht nur lehrten alle, die dann an der Atombombe mitgebaut haben, in Göttingen oder Berlin, bis Hitlers Rassegesetze sie vertrieben haben – sogar der Italiener Fermi wurde weggeekelt, weil er eine jüdische Frau hatte –, sondern auch die Raketenbauer Oberth und von Braun arbeiteten in Deutschland! Folglich: Ohne seinen Judenhaß hätte Hitler mit *Atomraketen* sogar New York erpressen können.

Und Maos Geisteskrankheit: Er war buchstäblich enthirnt durch das Dogma vom Alleinseligmachenden Kommunismus. Denn es scheint nun belegt, daß er dem Kremlboss Chruschtschow eines Tages nahelegte, China und Rußland sollten urplötzlich aus «heiterem» Himmel mit Wasserstoffbomben *den* Teil des Planeten wegmachen, der nicht sozialistisch firmierte.

Chinesen soll Mao «nur» siebzig Millionen getötet haben …

Wer auf die Welt kommt, baut ein neues Haus. Die berühmte Feststellung von Marx: «Dann fängt die alte Scheiße von vorne an», ist die einzige *konstante* Erfahrung, die Weltgeschichte vermittelt! *Diese* Sisyphus-Arbeit: «Die alte Scheiße von vorne beginnen», ist die Arbeit jeder neuen Generation.

Sie ist aber keineswegs ein Unheil – im Gegenteil, sie entspricht allen Bedürfnissen der Jungen, der Anfänger: Sie *wollen* sich nicht zufriedengeben mit dem Erbe der Eltern und wäre das noch so groß und mache sie das noch so reich. *Selber schaffen* wollen sie sich ihr Arbeitsfeld und dessen Ertrag. Das ist ganz natürlich. Und war immer so – um auch immer so zu bleiben.

Entwicklungsgläubige wenden ein: Das sei Unsinn, denn dann läge ja schon in der Tätigkeit der ganze Endzweck! Und die Geschichte antwortet: Exakt. Es gibt gar keinen Zweck über das Leben einer Generation hinaus, es geht nicht aufwärts, sondern weiter. «Der Mensch war früh am Ziel.» Wer das bestreitet, der müßte behaupten: Der Staatsmann Cavour habe gegenüber Perikles einen fortgeschrittenen Zustand, eine «höhere Stufe» des Staatsmannes verkörpert. Oder Picasso sei, gemessen an Rembrandt, in der Geschichte der Kunst nicht ein *Schritt*, sondern eine *Stufe*. Ist das nicht lächerlich? Daß der Mensch das Maß aller Dinge sei, sagt jeder Studienrat. Genauer sollte er sagen: Die Dauer einer Generation begrenzt auch die Dauerhaftigkeit des von ihr Geleisteten oder – Verpfuschten.

Nur sechs Familien hatten in bald 600 Jahren einen Sohn, der wie sein Vater Kunst machte: Cranach, Holbein, Dumas, Bach, Strauß, Mann.

Einem Sohn Bachs, «Hofkompositeur» Friedrichs des Großen, glückte so *neue* Musik, daß der Herr auf Sanssouci sie nicht mehr verstand, obgleich er selber den «Hohenfriedberger» komponierte, einen der seltenen Märsche, die blieben.

«Kameliendame» vom jungen Dumas nicht weniger wert als «Drei Musketiere» seines Vaters. Der Walzerkönig umfassender als sein Alter, von dem «Radetzky-Marsch» stammt. Golo Manns *Deutsche Geschich-*

te, *Wallenstein*, auch seine Essays auf der Höhe von Vater und Onkel Heinrich.

Hat die Genialität *zweier* Generationen auch *die* Ursache, daß Dumas und Mann nicht nur *Einheimische* waren, sondern auch Kreolen in ihnen steckten? Golo Mann dazu Halbjude? So die Straußens nicht allein Wiener, sondern eingewanderte Juden aus Ungarn?

Golo Mann resümierte traurig, Hitler sei deshalb zur Macht gelangt, weil er der leider begabteste der Weimarer Politiker gewesen sei – was Leute wie Tucholsky so lange für lächerlich, ja absurd hielten, bis sie fast den letzten Moment verpaßt hatten, Hitlers KZ-Schergen noch ins Ausland zu entkommen.

Stendhal beobachtete als Napoleons Besatzungsoffizier: «Kaum sind die Deutschen aus den dringendsten und notwendigsten Alltagssorgen heraus, sieht man mit Erstaunen, wie sie sich auf das stürzen, was sie ihre Philosophie nennen ... Der Unterschied zwischen den Deutschen und allen anderen Völkern ist der: Sie geraten beim Nachdenken ins Schwärmen, anstatt sich zu beruhigen. Die jungen Deutschen, denen ich in Göttingen, Dresden, Königsberg und anderswo begegnet bin, sind im Banne angeblich philosophischer Systeme auferzogen worden, die nichts sind als dunkle, schlecht geschriebene Dichtung, aber in moralischer Hinsicht höchste, ja heilige Erhabenheit atmen. Mir will scheinen, als hätten sie von ihrem Mittelalter nicht, wie die Italiener, die republikanische Gesinnung, das Mißtrauen und den Dolchstoß geerbt, sondern eine ausgeprägte Neigung zu Begeisterung und Gutgläubigkeit. Darum haben sie auch alle zehn Jahre einen neuen großen Mann, der alle anderen in den Schatten stellen muß (Kant, Schelling, Fichte und so weiter).» Nichts nützlicher, als sich zu Herzen nehmen, was Ausländer in unserem Volk beobachten.

«Wieder» die Juden: Hitlers Luftwaffenadjutant von Below hat Memoiren geschrieben. Er stand nie auf einer Kriegsverbrecher-Suchliste der Alliierten. Um so erstaunlicher und bezeichnend, daß es auch ihm «glückt», folgenden Satz – Freud läßt grüßen! – in Druck zu geben: «Reichstagsrede am 30. 1. 1939 ... Die Juden wollte Hitler warnen, die Völker nicht wieder in einen Weltkrieg zu stürzen. Er sprach die schnell bekannt gewordene und viel diskutierte Drohung aus: ‹Dann wird das Ergebnis nicht die Bolschewisierung der Erde und damit der Sieg des Judentums sein, sondern die Vernichtung der jüdischen Rasse in Europa.›» Indem Below hinschreibt: «*wieder* in einen Weltkrieg stürzen», übernimmt er «gehorsamst» Hitlers folgenschwere Erfindung, Juden hätten 1914 irgendwo die Macht gehabt, in Europa den Krieg auszulösen. Es gab aber 1914 keinen Staat auf der Welt, auch keinen demokratischen wie die USA, in dem ein Jude auch nur entfernt über die Mobilmachung hätte mitbefinden dürfen. Nirgendwo ist einer im Rang höher gestellt gewesen als jener Reeder Albert Ballin, der die Hamburg-Amerika-Linie schuf und zuweilen mit dem Kaiser sprechen durfte, der ihn 1914, noch am Tage des österreichischen Ultimatums an Serbien, benutzte, in London Churchill zu überreden, England möge doch nicht marschieren, wenn Deutschland garantiere, «nach dem Sieg» nicht den europäischen, sondern «nur» den kolonialen Bestand Frankreichs anzutasten, was England zurückwies.

Als der Kaiser 1918 ins Ausland desertierte, hat dieser Patriot Ballin sich aus Kummer in die Reichskriegsflagge eingewickelt und erschossen. Zwölftausend Juden sind allein in deutscher, fast ebenso viele auch in österreichischer Uniform im Ersten Weltkrieg für die beiden Kaiserreiche gefallen: Diese Zahl entsprach exakt dem Anteil der Juden an der Bevölkerung.

Der Dank des Vaterlandes: die Vergasung ihrer Hinterbliebenen, die Hitler als der *ehrlichste* Untäter der Geschichte der ganzen Welt vorangekündigt hat! Und zwar *öffentlich* in Reden, die das Radio übertrug, dreimal: An jenem 30. Januar, über den von Below berichtet; dann bei Kriegsausbruch am 1. 9. 39; dann am 8. 11. 42, als Hitler im Münchner Bürgerbräukeller wiederholte: «Sie werden sich noch erinnern an die Reichstagssitzung, in der ich erklärte: Wenn das Judentum sich etwa einbildet, einen internationalen Weltkrieg zur Ausrottung der europäischen Rassen herbeiführen zu können, so wird das Ergebnis nicht die Ausrottung der europäischen Rassen, sondern die Ausrottung des Judentums in Europa sein (Beifall). Sie haben mich immer als Propheten ausgelacht. Von denen, die damals lachten, lachen unzählige nicht mehr (vereinzeltes Lachen, Beifall). Die jetzt noch lachen, werden in einiger Zeit vielleicht auch nicht mehr lachen (Gelächter, starker Beifall). Diese Welle wird sich über Europa hinaus über die ganze Welt verbreiten.»

Dreimal hat der Holocauster vor der Weltöffentlichkeit «Vernichtung» oder «Ausrottung» angedroht; beim dritten Mal 1942 – während der Untatzeit – war schon überprüfbar, daß er keine leere Drohung aussprach: Trotzdem hat sich die Welt nach Hitlers Tod eingeredet – und glaubte das alsbald sich selbst –, vom Holocaust nichts *geahnt* zu haben! Keine Frage: Hitler *wollte* die Ausländer als *Mitwisser* zu seinen Komplizen machen bei dieser «Endlösung», weil zweifellos sogar *er* sie als die *ausschweifendste* Mordorgie der Geschichte erkannt hat.

Jeffersons Tragödie recherchieren – großer Dramenstoff. Der den Amerikanern 1776 ihre Unabhängigkeitserklärung verfaßte, also mehr für ihre Freiheit leistete als jeder andere Präsident, indem er Fremdenhaß und den reaktionären «Aufruhrgesetzen» entgegentrat, hatte *die* «Todsünde» der Epoche begangen: eine Schwarze zu lieben. Er bittet vor dem Tod die Nation, jene Mischlingstochter *nicht* als Sklavin zu verkaufen. Sie wird verkauft und tötet sich.

Ich hatte nie einen Glauben, doch immer Schicksalsangst. Ich lese Geschichte und *weiß* deshalb, deutsche Musik und Auschwitz sind das *Einzige*, was in wenigen Jahrhunderten die Welt von Deutschland noch wissen wird, wissen *will* … Gemäß der sachlichen Prophezeiung Jacob Burckhardts von 1872: «Die Rettung deutscher Bücher kann nur ihre Übersetzung ins Englische sein.» Er hatte diesen Vortrag genannt: «Von der kommenden Weltherrschaft der englischen Sprache.»

Daß bereits als «rechtsradikal» gemobbt wird, wer, wie ich, kein Europäer im Sinne der EU sein will, sondern nach dem Leitbild de Gaulles das «Europa der Vaterländer» bevorzugt, zeigt die furchtbar bedrückende «normative Kraft des Faktischen», wie Jelinek die lähmende Gleichmacherei unter den Juristen definiert, die – noch immer Diener der *Staaten* vielmehr als der Individuen – schon jetzt überhaupt keine Hemmungen mehr haben, zugunsten der EU-Gesetzgebung unzählige Rechte europäischer Menschen und Nationen subkutan einzuebnen.

Selbst Schiller konnte, während das Heilige Römische Reich Deutscher Nation sich auflöste, noch hoffen: «Denn unsre Sprache wird die Welt beherrschen.» Absolut illusionär: Seit ungefähr 2000 gibt es keine Länder mehr, außer Frankreich und Deutschland, in denen Französisch und Deutsch Pflichtfächer in Gymnasien sind.

Studentenunruhen – auch ein Ausgangspunkt zu einer Ethologie der Politik: Vier Jahrzehnte nachdem die 1968er Studenten im damals nur westlichen Deutschland den amerikanischen Bürger deutscher Herkunft Herbert Marcuse als die für sie allein gültige Galionsfigur buchstäblich zu ihrem Heiland ausgeschrien hatten, ist an dessen «Philosophie» nur noch abzulesen, mit welcher unfassbaren Rasanz Parolen schon wieder bachabgehen, die plötzlich eingeschlagen waren im geistigen Haushalt Jugendlicher wie nichts seit den Parolen Hitlers 1933.

Nur weil Marx auch Systemschöpfer war, unterlief es ihm, die absurde Frage zu stellen, wieso antike Autoren noch heute so mächtig berühren könnten. Hier war Marx – gegen seinen klugen Vorsatz – für den Augenblick *doch* «Marxist» geworden, das heißt: systemblind. Ähnlich fragten vor tausend Jahren frisch getaufte Christen, ob ihre verstorbenen heidnischen Großväter, da die vom Herrn Jesus noch gar nichts hatten wissen können, nicht doch noch irgendwie himmelwürdig zu machen seien.

Die dann Marxens Freunde waren, etwa Franz Mehring, der bedeutende Historiker und Autor der höchst anregenden *Lessing-Legende*, haben nicht nurmehr in trüben Minuten, wie das Marx zuweilen zustieß, sondern *durchgängig*, ein Leben lang, *geistig verriegelt* und von keinerlei Zweifel mehr erhellt, *alles*, was je in der Geschichte, der Kunst, der Liebe geschehen ist, auf diese *eine* Wurzel zurückgeführt; sie haben den Einfluß der Natur, der Persönlichkeit, des Klimas, ja sie haben sogar Jahrgang und Geographie als *das* Schicksal, das heißt: als ein unentrinnbar Vorgesetztes, völlig *weggewischt*, um ja nur das Dogma durch den Luftzug eines frischen Gedankens nicht zu gefährden, ihr absurdes Dogma – absurd wird alles, was Gegenmeinungen unter Strafe stellt! –, *allein die Ökonomie sei das Schicksal*, und der Mensch werde gut sein, sobald er die klassenlose Gesellschaft etabliert habe.

Gläubige suchen ein «geschlossenes» Weltbild – der Frosch im Brunnenschacht hält das Stück Himmel überm Brunnenrand fürs Universum, für das «Ganze». Heute ist die größte Gefahr die Verführung durch die dogmatische Verabsolutierung partikularer Erkenntnisse. Es gibt nur partikulare und zeitverfangene. Und sie müssen ausreichen, das Leben zu meistern – partiell. Im ganzen aber *kann* es nur scheitern. Wie der Mensch in der Geschichte: weil keine Dauer ist.

Spengler erklärt, warum Hegel nur dank des begrenzten Wissens, das die historische Forschung bis 1820 erreicht hatte, der Einbildung erliegen konnte, das Ganze und das Endziel der Geschichte zu kennen; Spengler schrieb das in seinen Absagebrief an die Göttinger Universität, die dem Autor von *Der Untergang des Abendlandes* einen Lehrstuhl angeboten hatte:
    «Hegel stützte sich noch ganz auf das traditionelle Geschichtsbild (Altertum-Mittelalter-Neuzeit). Der Stand des Wissens um 1820 rechtfertigte noch den Glauben an etwas Absolutes ‹hinter› den einmaligen individuellen historischen Ereignissen. Indessen sehen wir heute Indien und China und Mexiko mit ihren erstorbenen Kulturen. Was ist von den Schöpfungen der *ägyptischen* in die *antike* als *lebendiger* Geist übergegangen? Was hat von den höchsten Gütern der Antike zur

Zeit der islamischen Herrschaft noch *gewirkt*? Es ist ein *rein faustisches* Bedürfnis, ein überindividuelles Element anzunehmen, das sich trotz aller historischen Niedergänge einem Ziel zu bewegt. Weder der antike noch der indische Mensch hat es gekannt. Und nur aus diesem Bedürfnis heraus sind alle die Geschichtsbilder und Systeme konstruiert, die seit 100 nach Christus mit steigender Gewalt diese Idee als in den Tatsachen verwirklicht nachweisen möchten … Ein großer Teil meines Buches weist auf allen Einzelgebieten diese Illusion als solche nach … Daß die Kirche das geringste von antikem Sein *als solchem* bewahrt hätte, ist ein Irrtum. Hier ist es der ungeheure Zufall, daß auf dem Boden Westeuropas eine Kultur entsteht, völlig selbständig, zu deren innersten seelischen Bedürfnissen die Macht über die *Zeit,* in bezug auf die Vergangenheit in Form des *Wissens*, gehört. Was wäre ohne diesen Zufall aus der ‹fortschreitenden› Kultur der Menschheit geworden? Sie ist vielmehr als Postulat erst jetzt entstanden … Was seit Hegel diese Illusion verstärkt und sie zur leitenden Überzeugung des 19. Jahrhunderts gemacht hat, ist eine *rein* intellektuelle Besitzergreifung. Und diese ganze Erscheinung, jeder anderen Kultur fremd – denn man wird in der indischen, chinesischen und griechischen Philosophie vergebens den Gedanken einer Vervollkommnung der Menschheit in dieser *dynamischen* Form suchen –, wird mit dem Menschen des Abendlandes und seiner Kultur enden …»

Aber das Phantom einer Gesamtkultur, deren Stufen auf einer nach oben führenden Treppe durch den Reinigungs- und Heilungsprozeß Weltgeschichte gekennzeichnet seien, ist des Gläubigen liebstes Denkspiel; einst führte diese Treppe ihn ins himmlische, seit Marx führt sie ins irdische Paradies, das dann nicht einmal mehr der Staatsaufsicht bedürfe.

Wer gläubig ist, der denkt, was er glaubt; nicht umgekehrt.

Denksysteme können nur entstehen, wo man das Detail vergewaltigt. Selbst als Marxist gab Adorno zu: «Das Ganze ist das Unwahre.» Menschen, die denken, im Gegensatz zu denen, die schauen, sind nur selten auf der Höhe Spenglers, des letzten, der die Kühnheit hatte, ein System fürs Ganze anzubieten, aber doch gewußt hatte: «Es ergibt sich, daß es für jede Kultur, für jede ihrer Epochen und für jede Art von Mensch innerhalb einer Epoche eine mit ihm gesetzte und geforderte Gesamtanschauung gibt, die für diese Zeit etwas Absolutes hat. Sie ist es nur nicht in bezug auf *andere* Zeiten.»

Was erst wieder Wilamowitz ahnte – weil er die Antike kannte – und was Spengler dann formulierte, daß «die Weltgeschichte keine Einheit des Geschehens ist, sondern eine Gruppe von bis jetzt acht hohen Kulturen, deren Lebensläufe vollkommen selbständig, aber in durchaus gleichartiger Gliederung vor uns liegen».

Der Geschichte bis zum 20. Jahrhundert vermutlich besser kannte als jeder andere, Jacob Burckhardt, beharrte darauf, es gäbe nur *einen* möglichen Standort der Betrachtung, nur *ein* Zentrum: der sich gleichbleibende Mensch. Daher er kompromißlos *jede* Geschichtsphilosophie verwarf: «Dieses kecke Antizipieren eines Weltplanes führt zu Irrtümern, weil es von irrigen Prämissen ausgeht.» Das schrieb er mit sechzig. Mit vierundzwanzig hatte er geäußert: «Überhaupt werdet ihr längst den einseitigen Hang meiner Natur zur *Anschauung* erkannt haben. Ich habe mein Leben lang noch nie philosophisch gedacht und überhaupt noch keinen einzigen Gedanken gehabt, der sich nicht an ein Äußeres angeschlossen hätte.» So lautete auch Thomas Manns Maxime: Sich nichts ausdenken, sondern aus den Dingen etwas machen. Der (Goethesche) Widerwille beider, abstrakt zu denken, und die Tatsache, daß sie in ihrer Zeit die vielleicht tiefsten Verhaltensforscher der menschlichen Natur waren, bedingen einander.

Im Sophokles steht: «Der Tag deines Sieges zeugt dein Ende schon», und wer eine Witterung für Geschichte hat, der spürt, noch immer und ohne Ausnahme: Der Nike folgte die Nemesis. Mit modernem Vokabular: Die Ökologie hält die Zahl der Schrecken und Aufgaben konstant. Sie sorgt dafür, daß in jedem Zeitalter wahr bleibt, was Freud schrieb: «Die Absicht, daß der Mensch ‹glücklich› sei, ist im Plan der ‹Schöpfung› nicht enthalten. Was man im strengsten Sinne Glück heißt, entspringt der eher plötzlichen Befriedigung hoch aufgestauter Bedürfnisse und ist seiner Natur nach nur als episodisches Phänomen möglich. Jede Fortdauer einer vom Lustprinzip ersehnten Situation ergibt nur ein Gefühl von lauem Behagen.» So weit der Mensch. Und seine Geschichte? Hegel schrieb: «Die Weltgeschichte ist nicht der Boden unseres Glücks» – und wahrhaftig, stets wurde gemetzelt, eine unaussprechliche Banalität, doch scheint es, man muß daran erinnern.

«Weltfriede»? Vier Monate vor seinem Tode 1936 telegrafierte Spengler, als Antwort auf eine amerikanische Rundfrage, ob Weltfriede möglich sei: «Man kann den einzelnen, der Gewalt anwendet, einen Verbrecher nennen, eine Klasse revolutionär oder Landesverräter …, und wenn die Welt ein *Einheitsstaat* wäre, würde man Kriege Aufstände nennen. Das sind alles nur Unterschiede in Worten. Es ist eine gefährliche Tatsache, daß heute nur die weißen Völker von Weltfrieden reden, nicht die viel zahlreicheren farbigen. Solange einzelne Denker und Idealisten das tun – sie haben es zu allen Zeiten getan –, ist es wirkungslos … Der Pazifismus wird ein Ideal bleiben, der Krieg eine Tatsache, und wenn die weißen Völker entschlossen sind, keinen mehr zu führen, werden es die farbigen tun und die Herrscher der Welt sein.»

Und Benn schrieb zehn Jahre später: «Rußland zu Asien gerechnet, stirbt der Weiße schon aus.» Der Schweizer Max Rychner sagt, Benn habe seit Ende des Ersten Weltkrieges «in Spenglers Lebensgefühl» gedichtet. Benn bestätigt das mehrfach. Und schreibt am 21.11.46 an Oelze: «Nach Nietzsche … Spengler wäre heute ebenso unerwünscht und schwarzbelistet, wie er es unter den Nazis war.»

«Es hätte eigentlich reichen müssen» – nämlich der Vorrat an Lebensmitteln, der in einem Keller gestapelt war. Freimut Duve, der die Frage umkreiste, ob auf Dauer die Erde die Menschen ernähren könne und zu der erschreckenden Folgerung kam: Nicht die Erde, sondern der Mensch – leider – ernähre den Menschen; Hungern oder nicht ist ein *Verteiler*-Problem, zitiert dann diese Keller-Parabel: «In diesem Keller aber ging es nicht ganz so zu, wie Lebensmittelstatistiker es erhofft haben, sondern – wie bisher stets in der Geschichte: Hundert Menschen sind in ihm eingeschlossen. Draußen weiß man, unten sind Vorräte, von denen die hundert Menschen hundert Tage leben könnten. Nach den hundert Tagen dringt man zu den Eingeschlossenen vor: 25 erfreuen sich bester Gesundheit, 50 sind total entkräftet, und 25 sind tot. Die abstrakte Zahl ‹hundert Menschen› sagt nichts aus. Denn unter den hundert befand sich eine kleine Gruppe gut organisierter Bewaffneter, die alle Nahrungsmittel in Beschlag nahm: Das meiste aßen sie selber auf. Den Rest verkauften sie an alle jene, die Geld oder Wertgegenstände bei sich hatten oder zu Dienstleistungen bereit waren. Die 25 Toten hatten nichts bei sich und wurden nicht gebraucht.»

Das ist ein Schreckenskeller, wie Piranesi sie gezeichnet hat – doch diese Zeichnung gründet sich auf das Studium des Homo politicus.

Sisyphus wird nie arbeitslos. Während des Zweiten Weltkrieges schrieb der Göttinger Historiker S. A. Kaehler einem Frontsoldaten:

«Der große Irrtum war die Verkennung des Charakters ‹des Verhängnisses›, woran die Entwicklungsgläubigkeit nichts ändern kann. Der von Ranke und Meinecke für erkennbar gehaltene Gott in der Geschichte – ‹zuweilen die Hand Gottes über ihr› (Ranke) – bleibt der Deus absconditus, dem an den Höchstwerten der Kultur nichts gelegen ist, der die europäische Hochkultur unserer Zeit ebenso untergehen läßt wie die Mittelmeer- und Zweistromlandkultur vor 2000 bis 4000 Jahren. Über der Oase des 19. Jahrhunderts schwebte die Fata Morgana des humanitären Optimismus ...»

Wenn die griechischen Stadtstaaten sich nicht einigen *konnten*, obgleich sie wußten, obgleich sie *sahen*, sie müßten es tun, um sich zu behaupten; wenn die europäischen Staaten Frieden erst zu machen vermochten, seit die Atombombe da war und sie den Vormundschaftsbehörden in Moskau und Washington unterstanden; wenn, wie Taylor nachweist – es kann nur wiederholt werden –, die Verantwortlichen *wissen,* was heute an der Zeit ist, zur Rettung des Planeten zu tun, und es doch nicht tun *können:* dann ist in der Tat aus solchen Zwängen, sehenden Auges doch das Notwendige zu versäumen, die Einsicht abzulesen, daß Sisyphus auf ewig die Mühsal des Menschen mit seiner Geschichte symbolisiert. Zwischen ihr, der Menschheit, und dem Tor zu einem Paradies liegt und bleibt der Felsbrocken des Sisyphus liegen. Ihn bewegen zu *müssen* gibt dem Motor der Weltkomödie den niemals versiegenden Sprit.

Der Zwang zum Scheitern: Wenn es noch eines Beweises bedurft hätte, daß die Vernunft des Menschen keineswegs Schritt hält mit seiner Weiterentwicklung als Homo faber, und würde uns selbst die Technik alsbald den Volkswagen spendieren, den jedermann zum Mond steuern kann: Dieses ganze himmelstürmende Projekt ins Nichts, das heißt in eine sauerstofflose Welt, wäre dieser Beweis!

Selbstzensur – Selbstdiktatur: Der freie Eidgenosse Jacob Burckhardt nannte uns das «am raschesten assimilierbare» unter den Völkern, auf Deutsch: das charakterlose, das immer dem Fremden, auch dem Denglischen anpassungslustigste.

Wir haben *deshalb* keine Diktatur, und das sollten wir Deutschen niemals vergessen, weil Briten, Russen, Amerikaner sie opferreich gegen unseren Willen, die wir uns jahrelang erbittert dagegen wehrten, dem Auschwitzer abgekämpft haben.

Zusammenhänge: Viele können wir nie erfassen, doch auch nie leugnen, daher wir an sie *glauben:* Am Ende des Hitler-Krieges wurden 14 Millionen Deutsche aus ihrer Heimat vertrieben. Ihr Vaterland fiel an Tschechien und Polen, die zuvor Hitler sich eingeleibt hatte; dazu erhielt auch Rußland Königsberg und Umgebung. Diese Folgerichtigkeit hatte selbstverständlich eine *geistige* Ursache: Wir Deutschen hatten Hitlers

«Kirchenvater» Nietzsche, wie Flake ihn nannte, zu unserem Apostel gemacht, dessen Evangelium lautete: «Mitleid soll Sünde für dich sein!» Nietzsche hatte Goethe aus der Nation herausgedrängt, dessen Credo hieß: «Wir sollten alle miteinander Mitleid haben.»

Minister ist der einzige Job, zu dem man keine Vorbildung braucht.

Einmal fiel die Postkutsche um. Mein Urgroßvater blutete im Gesicht, Heftpflaster gab es noch nicht, Briefmarken und deren Randpapier wurden ihm aufgeklebt. So kam er unverblutet heim. Jahrgang 1848, gestorben ein Jahr vor meiner Geburt. Wären wir schlauer, wüßten wir mehr von unseren Vorfahren? Glaube nicht: Die Summe der Scherereien jeder Generation bleibt konstant. Er beschenkte jedes Jahr den Tagelöhner, der ihn vom Schlachtfeld Sedan 1870 ins Lazarett geschleppt hatte; wäre sonst verreckt.

Geschichte wäre erdrückend, wüßten wir, wie unsere in ihr umkamen.

Weil ich selber einer bin, spreche ich zu kritisch über Deutsche.

«Demokratie» nennen Deutsche ohne Ironie ihren Staat, obgleich man ihnen noch 2010 ein bundesweites Referendum verweigerte, das die Schweizer schon seit 1848 haben; wir Deutschen merken diesen Mangel gar nicht, weil uns an öffentlicher Mitwirkung nichts gelegen ist.

Die Kanzlerin sagt kein Wort, statt ihn rauszuwerfen; auch kein Verfassungsrichter macht den Mund auf, wenn vom Finanzminister auf der Titelseite der FAZ steht, der habe alle seine Ministeriums-Unterlinge bis zum Staatssekretär verwanzt – weil einer schon in die Presse brachte, was bis übermorgen hatte geheim bleiben sollen. So in der BRD, die ihre Verfassung mit den Worten eröffnet: «Die Würde des Menschen ist unantastbar!»

Was macht, Funktionär, Funktionärin geworden zu sein, wo auch immer, und je länger je schlimmer, aus sonst Anständigen – selbstgefällige Arschlöcher?

Gewiß, jeder Krieg führt zu Verbrechen; doch bleibt ein Unterschied, ob Krieg zu Verbrechern macht – weil die sich nämlich *verteidigen* – oder ob Verbrecher Krieg machen! *Allein*schuldiger ist stets der Mann des *ersten* Schusses.

Evolution *ist* die Schöpfung oder umgekehrt. Selbst Pius XII. anerkannte Darwins Jahrhundert-Entdeckung.

Wenn das Atmosphärische einer Epoche, ihr Zeitgeist, laut Goethe «unwiederbringlich» verlorengeht – was stimmt dann überhaupt, außer den Daten, noch an den Fakten? Denn auch die sind nicht nur vom Zeitgeist – der *ist* die Atmosphäre – gefärbt, sondern sogar ausgelöst.

Viele dachten nach Hitlers Ende, Imperialismus kennzeichne ein *vergangenes* Zeitalter. Aber er ist an keine versunkene Epoche gebunden, sondern ein ewig menschlicher, keineswegs nur militärischer, sondern häufiger noch ein wirtschaftlicher Drang. Nur ist er nicht zu allen Zeiten, in allen Zonen freigesetzt, sich auszuleben, das heißt: auszuarten.

Wenn große Krieger nicht Frauen sammeln, sondern Kunst und Schlösser, sind die dann genuin homosexuell oder *werden* sie das, weil Schlachtfelder ihre Heimstadt? Lieselotte von der Pfalz, Schwägerin Ludwigs des XIV., schreibt über Prinz Eugen: «Er incommodiert sich nicht mit Damen, ein paar schöne Pagen wären besser seine Sach».

Die Linke hat von der Rechten – neben anderem – das Delikt der Majestätsbeleidigung übernommen.

Berufsangabe: das Gegenteil dessen, was man ist. In vielem ist das nur lustig – so wenn eingefleischte Brandstifter nicht nur Mitglieder der freiwilligen Ortsfeuerwehr sind, sondern deren Kommandant; oder triebhafte Einbrecher Chefs der Wach- und Schließgesellschaft. Furchtbar wird es, wenn der Hannover'sche Jünglings-Massenmörder Haarmann sich vor allen Nachstellungen absichert, indem er Polizeispitzel wird: Oder wenn Halbjude Heydrich sich von Hitler zum Chefarchitekten der Judenausrottung ernennen läßt und als Gehilfe einen namens Eichmann nimmt, der in der SS wegen seines «jüdischen Aussehens» allgemein verspottet wird. Oder wenn der satanische unter Hitlers Parteigängern: Goebbels, von einem «Nennonkel» Cohn – ob sein Vater oder nicht, wer wüßte es? – sein gesamtes Studium finanziert bekommt und sicherlich deshalb am eifrigsten dafür sorgt, daß Berlin «judenrein» wird. So auch Magda, seine Frau: Uneheliche Tochter eines Dienstmädchens, wird sie von einem steinreichen Juden namens Friedländer – der nicht ihr Vater ist, trotzdem ihre Mutter heiratet – in den teuersten ausländischen Internaten, so in Brüssel, zur sogenannten großen Dame erzogen, so daß sie den BMW-Besitzer Quandt heiraten kann. Ob sie dafür sorgt oder nicht, das ist nicht mehr herauszufinden, jedenfalls verschwindet ihr Wohltäter Friedländer noch früher als die anderen Juden ins Nichts. Sie bringt ihrem Gatten Quandt den Sohn Harald zur Welt, ehe Goebbels ihr fünf Kinder macht. Heute gehört das Haus des Malers Liebermann, seit 1847 im Besitz dieser Judenfamilie gewesen, bis 1938 die Hitlerbanditen es enteigneten, jetzt teuerstes Grundstück Deutschlands, da Wand an Wand mit dem Brandenburger Tor, den Erben Harald Quandts, Besitzern von BMW!
    Quintessenz: Die Geschichte ist noch ekelhafter als grausam.

Die «Masse» ist immer einer mehr als jeder, der sie verächtlich so schimpft – so hochnasig!

Burckhardt sagte einsichtiger: «Wir möchten gern die Welle kennen, auf welcher wir treiben im Ozean, allein wir sind diese Welle selbst.»

Der enthauptete Student: Maurice Bavaud, der 1938 Hitler in München erschießen wollte, als frühester der drei Hitler-Attentäter – Elser und Stauffenberg kennt jeder, Elser hat sogar sein Denkmal in der Wilhelmstraße –, ist in seiner Schweizer Heimat überhaupt nie bekannt geworden, obwohl ich in Basel die erste Rede über ihn hielt, dann als Buch samt Todesurteil bei Rowohlt veröffentlicht. Obgleich Hitler mehrfach in seinen Tischgesprächen ihn nennt, «natürlich» ohne seinen Namen: Opfer haben fast nie einen Namen –, ist er schon wieder vergessen. Die Schweizer, so «bürgerlich» wie ihre immer beträchtlichen Banknoten – genieren sich für ihren Teil des 20. Jahrhunderts: Attentäter sind im Ordnungssinn des Volkes nicht vorgesehen, das Wilhelm Tell hervorbrachte, durch 500 Jahre Reichtum und Friede völlig unfähig geworden, einen politischen Zustand auch in *ihrem* Land zu befürchten, der einen Tell wieder nötig macht.

Was eine Generation verpatzt, keine klüger als die andere, nur stets *andere* Fehler, wird nie rückgängig gemacht, so lange *die* noch in Ämtern, sprich an der Macht ist, die es verschuldete. So die Unterwerfung Westeuropas durch eine EU getaufte Behörde in Brüssel. Die erzwingt «natürlich» ohne Volksentscheid eine Euro getaufte Einheitswährung; zwei intelligente Völker – es gibt nur zwei: Engländer und Schweizer, Briten haben jeden Krieg gewonnen, Eidgenossen nie eine Geldreform benötigt, sich aus jedem herausgehalten – machen nicht mit. Kaum ist der Euro da, erzwingen so faule wie listige Völker von fleißigen wie gutgläubigen, obgleich das in der EU-Verfassung ausdrücklich *verboten* ist, durch Betrugs-Bankrott ihre «Rettung» durch Nachbarstaaten zu finanzieren! Welche Sisyphos-Mühe überläßt meine unkluge Generation ihren Enkeln, den «Vereinigtes-Europa»-Spleen rückgängig zu machen …

Hundert Jahre nur her, der Erste Weltkrieg: Doch schon weiß keiner mehr: *Warum*, waren die Herrscher, die Völker so dumm? Denn 1914 gab es keinen Amokläufer Hitler.

Nicht aus einem Buch – aus einem Brief (Briefe sind ehrlicher), den ich in der Pubertät las, sah ich, daß Täter zu lesen mir mehr nutzt, als Denker zu studieren: «Ich schlug mir gestern Abend beliebig die Schrift auf, um die Politik aus dem sorgenvollen Herzen los zu werden, und stieß mit dem Auge zunächst auf den 5. Vers des 110. Ps. (Der Herr zu deiner Rechten wird zerschmeißen, die Könige zur Zeit des Zorns.) Wie Gott will, es ist ja alles doch nur eine Zeitfrage, Völker und Menschen, Thorheit und Weisheit, Krieg und Frieden, sie kommen und gehen wie Wasserwogen, und das Meer bleibt. Was sind unsere Staaten und ihre Macht und Ehre vor Gott anders als Ameisenhaufen und Bienenstöcke, die der Huf eines Ochsen zertritt, oder das Geschick in der Gestalt eines Honigbauern ereilt ...» *(Bismarck an seine Frau, 1859 aus Petersburg)*

Kulturell

Adolph von Menzel, Der Faun des Barberini

«Kunst am Bau» – nur noch der erste Kanzler der BRD, Adenauer, der altdeutsche Maler sammelte, sah mit Entsetzen, daß BRD immer mehr zur Banausen-Republik entartete, und erzwang ein Gesetz, demzufolge öffentliche Gebäude 1 Prozent der Bausumme für Kunst ausgeben müßten. Das war in der Kaiserzeit zwar kein Gesetz, jedoch eine Selbstverständlichkeit – man sehe sich nur Unter den Linden die im letzten Friedensjahr, 1913, erbaute Staatsbibliothek an: Wie schön dank ihrer Plastiken; ebenso im gleichen Jahr die Akademien für Musik und bildende Künste in der Hardenbergstraße.

Ein offizielles Gebäude ohne Kunst am Bau war unter den Monarchien vollkommen undenkbar – heute das Übliche, weil Demokraten als Herrscher stets so geistfeindlich waren, total fremd den Musen, was sie als «sparsam» ausgaben. Heute denken sie nicht einmal mehr daran. Beispiel: Porträts oder Brunnen und Plastiken in unseren Städten waren stets Auftragswerke, private oder behördliche. Wer gibt heute noch Aufträge an Künstler? Hat sich in Berlin je ein Politiker gefragt, wovon Maler oder Bildhauer leben sollen, wenn sie nicht so modisch, so angepaßt gewesen sind, eine Professur zu ergattern? Könnten Schadow, Rauch oder auch Langhans in Berlin überhaupt existiert haben, wären sie nicht behördliche Auftragsarbeiter gewesen? Die Demokratie hat die Kunst vernichtet, ohne dieses, ihr bedeutendstes Verbrechen auch nur zu *ahnen*.

Kein Mensch las mehr den alternden, das heißt erst siebenundsechzigjährigen Goethe, obgleich es keinen gab, der den Namen nicht kannte: Noch (70!) Jahre nach Erscheinen gab's Exemplare der Erstauflage des *West-östlichen Divan* bei Cotta zu kaufen. Da war Goethe über 50 Jahre tot.

Begabung allein reicht nicht – erschlagende Energie dank der Gefühle muß dazukommen, große Bücher zu schreiben: So *Budden-brooks*. Abschied, Wehmut, erzwungener Verkauf des stolzen Patrizierhauses. Oder *Wälsungenblut* – die abgefeimt witzigste Thomas-Mann-Prosa nicht «nur», sondern überhaupt eines deutsch Dichtenden!

Der Autor Thomas Mann rächt seine Entdeckung, daß Braut Katja die Geliebte ihres Zwillings ist! Um nicht als gehörnter Tölpel durch München zu laufen, veröffentlicht er das sogar in seinem Hochzeitsjahr: Schwiegervater, Geheimrat Pringsheim, Mathematik-Ordinarius, erzwingt das Ehrenwort des Schwiegersohns, die Novelle zu vernichten – die durch Zufall überlebt.

Und dann die Wiedergeburt Luthers – das Deutsch Thomas Manns in den 55 Radio-Reden gegen den Auschwitzer: Jede erst fünf, dann sieben Minuten lang – weltbewegend haßerfüllt, unvergleichlich. Auch dies sei den USA hoch angerechnet: einem Emigranten die Chance gegeben zu haben, so zu uns Deutschen zu sprechen.

Die Namen fehlen auf dem Holocaust-Denkmal! Daß man auf den Stelen Platz genug hat, wird auch von Eisenman, dem Architekten, nicht angezweifelt. Ich frage ihn: Haben Sie keine Bedenken, indem Sie den Opfern den Namen verweigern, abermals das zu tun, was die Mörder als erstes getan haben: Ihre Opfer namenlos zu machen? Eisenman antwortete konfus unter Hinweis auf angeblich «künstlerische» Erwägungen. Mit keiner Silbe konnte er sagen, warum seine Stelen, sofern sie Kunst sind, als Kunstwerke verlieren, wenn Namen Ermordeter eingemeißelt sind …

Würzburg 2001, 130 000 Einwohner, soll auf Anweisung der Demokraten, um zu «sparen», sein Theater schließen, das 1804 sein Fürst-Bischof für die damals nur 16 422 Einwohner zählende Residenz, wozu

4000 Soldaten kamen, gebaut hat! Athen, 120 000 Einwohner um 400 vor Christus, hatte mindestens fünf Theater an seinen drei Häfen, zu denen Perikles ihm noch die zwei Staatstheater erbaute: das steinerne des Dionysos und das bedeckte Odeon mit dreitausend Plätzen … Seither sind *Demokraten*, sofern zuständig für Kunst, nur noch *hassenswert*: Denn heute, da unendlich viel reicher als die Athener zu ihrer besten Zeit und als der Bischof 1804 in Würzburg, *reißen sie Theater ab* – zum Beispiel gleich die zwei einzigen am Kurfürstendamm, 1921 von Max Reinhardt auf dessen Privatkosten erbaut; schön im Stil; «Neue Sachlichkeit», völlig unbeschädigt durch den Krieg gekommen. Berlins Herrscher waren nie annähernd so reich wie um 2000 und nie so barbarisch kunstfeindlich: Demokraten verabscheuen Künstler, da die kein Wählerpotential. Und weil sie fast nie – wie früher jeder Fürst, dem wir die Schönheiten unsrer Städte verdanken – schon mit Kunst aufgewachsen sind. Wer, der sich unserer wundervollen Altstädte erfreut, kann Demokrat statt Monarchist sein?

Jean Paul: «Kein Mensch gewinnt durch eine Selbstbiographie; sie zu schreiben ist Demut.» Wirklich? Sie zu schreiben, denke ich, ist das Gegenteil von Demut; meist der Versuch, etwas zu verbergen. Übrigens gibt es niemanden, der *nichts* zu verbergen hat.

Jüngerschaft führt nie zur Schwangerschaft: So hat denn auch Marx bekanntlich die Hegelsche Dialektik erst benutzt, nachdem er dessen ganzes «System vom Kopf auf die Beine gestellt» hatte. Das wagt kein Jünger zu tun. Eckermann zum Beispiel war als Dichter sehr unselbständig – und eben deshalb als Eckermann so erstklassig. Im gleichen Sonnensystem ist keine zweite Sonne denkbar. Schopenhauer hat diese Erfahrung boshaft und genau an Fichtes Steigerung «aller Fehler Kants in den Superlativ» aufgezeichnet – die sich zeitlos gleichende Tragödie des Famulus, jedes Musterschülers eines wahrhaft selbständigen Kopfes.

Hegels staatsgesinnungstreue «Interpretation» der Figur des Kreon ist die inhumanste Fälschung, die in der deutschen Geistesgeschichte ein Philosoph auf Kosten eines dichterischen Textes vorgenommen hat. Hält man Hegel zugute, daß er wie jeder geniale Systemschöpfer alles ignorieren mußte, was die «Wahrheit» seines Systems gefährdete, so bleibt doch unverantwortlich, daß er ausgerechnet das menschlichste Gedicht der Antike benutzt hat, um die Autoritätsauffassung eines königlich preußischen Staatsphilosophen zu rechtfertigen: Hegels Intelligenz verbietet anzunehmen, er habe nicht gesehen, daß er damit die eindeutige moralische Verwerfung des Kreon durch Sophokles vorsätzlich umfälschte. Mit diesem geistigen Verbrechen setzte Hegel die Methode in die Welt, mit der seit hundert Jahren dichterische Texte von den Schreibtischzuhältern totalitärer Systeme dem Blick durch die Parteibrille wohlgefällig gemacht werden. Marx hat das niemals vorausgeahnt, hätte auch als Liebhaber selbst reaktionärer Autoren wie Walter Scott nie geduldet, was etwa Mao Tse-tung, der Chefmandarin des Personenkultes, für erlaubt hält: seine eigene Lyrik in aberhundert Millionen Exemplaren ins Volk zu schleudern – jedoch für den «dekadenten» Baudelaire das Papier nicht zu genehmigen.

Dante, der dogmatisch Meistzugenagelte, eben deshalb nur noch als Chefpropagandist des Christentums namhaft, doch als Dichter ungenießbar, hat an vielen Stellen in der *Göttlichen Komödie* verneint, daß sogar Künstler der Antike «zu retten» seien, da sie doch von Herrn Jesus noch nichts gewußt hatten; folglich auch nicht erlösungsfähig seien, sowenig wie alle anderen vor dem Heiland je zur Welt Gekommenen! Unsere Grundthese, daß jeder, jede Epoche, jede Weltanschauung nur *anders* albern sind – ich kenne keine geistige Erscheinung, an der dies so drastisch ablesbar wäre wie an Dante. Vermutlich deshalb, weil der auch als Fanatiker auf der Höhe des Irrsinns seiner Zeit und ihres Glaubens war … Sein Porträt anzusehen genügt, sich keinen unsympathischeren Menschen vorstellen zu können als diesen einzigen – mir bekannten –, der die Menschheit, die vor Jesus schon auf der Welt war, in corpore als gottesunwürdig verworfen hat ... Grotesk, ihn heute zu lesen, der kein Poet war, sondern ein mit Scheiterhaufen drohender Großinquisitor ... ein Fanatiker, ein Ideologe!

Hölderlin, Heuchler als Beschöniger: Obgleich Napoleons Zeitgenosse, konnte er singen: «Es ehret der Knecht nur den Gewaltsamen.» Und er verstand listig, zu Zeiten des Zwangsrekrutierers keine Kugel zu hören, schrieb aber ruchlos: «Dir, Liebes, ist keiner zu viel gefallen!»

Weil Altwerden ihm erspart blieb, sein Verklären: «Es neigen die Weisen oft am Ende zu Schönem sich.» Erstens wird keiner «weise»; zweitens nur lächerlich vor sich und allen, wenn er, fünfundsiebzig, einem Twen noch *höriger* wird als mit fünfundzwanzig: was die Natur aber macht.

Burckhardt riet dem jungen Wölfflin, Umgang mit Fachgenossen verderbe und beschränke den Horizont. An der Universität nur Naturforscher angenehm zum Umgang und daneben große Kaufleute. Von denen lerne man etwas. Das seien Leute, die die Welt kennen. Viel reisen! Doch schrieb Burckhardt auch, was jeder erfährt: «Kaufleute lesen nichts.» Grillparzers Kummer, keinen Umgang mit Kollegen in Wien zu haben, und Goethes Antwort, nur im Kreise Gleichgesinnter – wie er mit Schiller – könne man etwas leisten, sprechen gegen Burckhardts Empfehlung.

Churchill, der vielleicht nur neunzig und zum Titanen wurde, weil er zeitlebens mit aufmerksamster Zärtlichkeit der eigenen Person zugewandt blieb, hat in «Malen als Zeitvertreib», einem seiner Essays, die Entdeckung weitergegeben, es habe keinen Sinn, zum Beispiel Fußball zu spielen, wenn man am Schreibtisch sein Gehirn abgebraucht hat: denn die Knie, die Beine habe man dort nicht müde gemacht – sondern das Hirn. Folglich müsse man auch nicht Sport treiben, sondern das Hirn erholen: ablenken! Deshalb habe er sich eines Tages, ohne besonders gut zeichnen zu können, Ölfarben gekauft und zu malen begonnen. Und so allein habe er sein durch Politik und Schreiben abgemühtes Gehirn erholt. Indem er es *anders* beschäftigte. Körperlich lebte er sich als Maurer aus, indem er um sein Chartwell eine lange, lange Mauer zog.

Der Skandal ist nicht, daß Hegel drucken ließ, zur Zeit des alten Goethe: «Die Welt ist umschifft und ein Rundes. Was heute von Europa noch nicht beherrscht ist, wird von ihm noch beherrscht werden oder ist nicht wert, von ihm beherrscht zu werden.» Sondern der Skandal: Daß hierzulande einem schwachsinnig Provinziellen, den sein Dünkel, Weißer zu sein, um den Verstand gebracht hatte, noch nach 200 Jahren als «großem Mann» gehuldigt wird! Nichts anderes entlarvt so sehr das verquere Nichtverhältnis Intellektueller zur Geistesgeschichte.

Lichtenbergs Frage: «Ist denn die Lage etwa so selten, in der einem die Philosophie das Philosophieren versagt?» – was wörtlich so auch Burckhardt hätte schreiben können –, muß aus des Göttingers sehr berechtigtem Widerwillen gegen die philosophischen Systembauer erwachsen sein, ebenso wie seine Folgerung, ja Hoffnung und Schadenfreude: «Die Philosophie wird sich noch selbst fressen!» Doch Gedanken notieren, weil das zuweilen hilft, mit einer dunklen Stunde fertig zu werden, bleibt erlaubt, immer. Schon deshalb, weil sie sich einem ja aufzwingen, ob man sie will oder nicht. Jaspers mahnt, nicht Philosophie zu lernen, sondern: «zu philosophieren».

«Was soll der Unsinn?» Um die Zeit, als er mit fünfundsiebzig sein Meisterwerk *Effi Briest* schrieb, klagte Fontane, daß die (ihm längst zur stehenden Redensart gewordene) Frage «Was soll der Unsinn? … überhaupt ganz und gar von mir Besitz zu nehmen droht». Nichts schien ihm mehr wichtig. Natürlich wollte seine Familie wissen, wie Fontane zu dieser ewigen Frage gekommen sei. Schulterzucken; eines Tages aber erzählte er: Der Kolonialwarenhändler Schulze um die Ecke sei doch ein freundlicher Mann. Irgendwann aber habe er – Fontane – beobachtet, im Vorbeigehen, wie der dicke Schulze wütend aus seinem Krämerladen heraus einen Schuljungen verfolgt, geschnappt und geohrfeigt habe. Fontane: «Aber Herr Schulze! Was hat der Junge Ihnen getan?» Antwort: «Ach, sehen Sie, Herr Fontane, das gucke ich mir nun seit zehn Tagen an; jeden Mittag, wenn er aus der Schule kommt – schleicht sich der Bursche hier zu meinem Sauerkrautfaß vor der Ladentür und pinkelt rein. Dem Sauerkraut schadet dat ja nischt – aber wat soll der Unsinn?»

Neujahrskonzert der Wiener Johann und Josef Strauß. Schluß: Radetzkymarsch ihres Vaters. Hat man das gehört, weiß man im Sinne Spenglers: Uns Letzte beißen die Hunde. Oder widersprechen mir 80 Jahre nach dem Tod des Walzerkönigs Geborene, gleichviel ob Weiße, Schwarze oder Gelbe, wenn ich vermute, eine Musikerdynastie wie die Juden Strauß habe das Abendland seither nie mehr hervorgebracht?

Kultur macht jemand – statt sie nur zu kommentieren – nicht lange, bevor seine Familie ausstirbt.

Einer namens Ritter, ein Menschenleben lang die graue Eminenz des FAZ-Feuilletons – wie einst Bismarcks Holstein der des Auswärtigen Amts –, hat als Greis sein Zeug in einem Buch versammelt: *das* Amoralische schlechthin, weil er stets wußte, «was sich gehört». Ritter war immer artig – gleichsam schon mit gezogenem Scheitel zur Welt gekommen, doch in *das* bundesdeutsche Feuilleton eingetreten, dem es dank Bonner Grundgesetz verwehrt war, rebellische Bücher auch zu verbrennen, deren Erscheinen sie aber verschwiegen, deren Autoren sie verrissen haben!

Mehr als achttausend Zeichnungen Menzels sind registriert, dazu kommen die in über siebzig Skizzenbüchern, also hat er weit mehr als tausend Männer gezeichnet! Jedoch die zwei an seinem Stammtisch,

111

die allein wie er Nachwelt haben, Storm und Fontane, würdigte er als Zeichner keines Blicks. Sie wußten, was er wert war – Menzel ahnte es von beiden nie.

Tote nicht schleifen. Als George Grosz anfing, hatte Kaiser Wilhelm aufgehört: Geschlagen war er ins Exil entwichen. So hat der geniale Zeitbildner Grosz ihn niemals behelligt. Wie Lessing sagte: «Auf wen alle einschlagen, der hat vor mir Frieden!» Das sind unübersehbare Ermahnungen für jeden, der zeichnet oder schreibt: Niemals Wehrlose oder gar Geschlagene verhöhnen! Vorbildlich sagte Benn nach dem Hitlerkrieg und hatte allerdings auch einen persönlichen Grund, das zu sagen: «Hektor schleife ich nicht.»

Lange Gedichte machten Angst – lebten sie nicht *kurz*. Ausnahmen: Schillerballaden, Uhlands «Sängers Fluch» und Brechts «An die Nachgeborenen», vermutlich überhaupt das größte deutsche Gedicht der Hitler-Jahre. Nie zu vergessen auch des vergessenen Lernet-Holenia «Die Weissagung des Teiresias».

Psychotherapeuten können ihre Patienten nicht heilen, wenn sie sich mit ihnen identifizieren. Autoren können ihre Menschen nicht gestalten, wenn sie sich *nicht* mit ihnen identifizieren.

Hannah Arendt hat ebenso geschwindelt wie Chamfort, als sie in einem Interview sagte: «Wenn ich ganz ehrlich sprechen soll, dann muß ich sagen: Wenn ich arbeite, bin ich an Wirkung nicht interessiert.» Da ihr Unterbewußtes ihr zuflüsterte: «Lüg doch nicht!», betonte sie laut: «Wenn ich ganz ehrlich sprechen soll.» Ebenso hat Chamfort gelogen, er sei «um so glücklicher, je mehr mein literarischer Name verblaßt». Nein, das hat noch keinen glücklich gemacht. Chamfort war sowieso ein gnadenloser Snob – übersetzt: *sine nobilitate*. Warum? Der selbst allerkümmerlichster Abkunft war – unehelicher Sohn eines Priesters –, hat als Autor bei Hunderten von Namensnennungen peinlichst ver-

mieden, jemals einen Nichtadligen auch nur zu *erwähnen*; das wäre
für den «nur» Bürgerlichen am Ende des 18. Jahrhunderts ebenso «unschicklich» gewesen wie noch zwei Jahrhunderte später für Harry Graf
Kessler, bevor 1918 die Monarchie beseitigt war. Dieser uneheliche Sohn
des Königs, dann Kaisers Wilhelm I. (auch dessen Großvater Friedrich
Wilhelm II. hat seine Unehelichen in den Grafenstand erhoben) glaubte
durch strikte Weigerung, je das Wort eines Bürgers oder auch nur einer Zeitung in seinen uferlosen Tagebüchern zu zitieren, vergessen zu
machen, daß seine bildschöne irisch-indische Mutter allein durch ihre
Scheide Gräfin geworden war – einzige Gattin eines Bankiers, die ihrem
Mann je den *Grafen*titel hatte bescheren können.

Warum hielt Goethe es für nötig, Faust am Ende seiner Tage
die Ermordung von Philemon und Baucis begehen zu lassen, indem er
Mephisto beauftragte, deren Zwangsaussiedlung durchzuführen? Hatte
er Angst, sein Faust werde zu harmlos, wenn er nicht die einzige gute
Tat seines langen Lebens: die Gewinnung von Ackerland, indem er
ein Sumpfgebiet trockenlegt, durch dieses Verbrechen beflecke? Nein,
schlimmer: Goethe wollte zeigen, daß kein technischer Fortschritt – und
es gibt nur technischen, denn die menschliche Natur *bleibt* die immer-
gleiche – je zu haben ist ohne mörderische Nebenwirkungen. Wo geho-
belt wird, fallen nicht nur Späne, sondern auch Menschen.

Während Storm an seinem letzten, seinem Meisterwerk schrieb,
plagte ihn sein Magen. Er verlangte von einem Arzt «unter Männern»
die volle Wahrheit. Der Arzt: «Magenkrebs – leider nur noch wenige
Monate.» Storm brach derart zusammen, daß er unfähig war weiter-
zuschreiben. Zum Glück war sein Bruder Emil Arzt, rief vier oder fünf
Kollegen zusammen zu einem «Humbug-Konsilium» und erklärte im
Bunde mit seinen Kollegen dem Dichter, der Diagnostiker sei ein Stüm-
per, von Krebs könne überhaupt keine Rede sein. Storm glaubte das
sofort, schnellte hoch, hatte noch einen produktiven Sommer, feierte
als Chef des Husumer Gesangvereins seinen siebzigsten Geburtstag,

schrieb den *Schimmelreiter* zu Ende und war – tot. Thomas Mann, der mit dieser Anekdote seine Huldigung an Storm beschließt, geht so weit zu vermuten, der *Schimmelreiter* habe seinen Eigenwillen: unbedingt vollendet zu werden, auf den todkranken Dichter übertragen.

Der Lübecker hat seinen Storm-Essay mit soviel Liebe gedichtet, daß diese Liebe sich im Leser auf den Husumer überträgt. Er steht in Thomas Manns Sammlung: «Adel des Geistes», die Gottfried Benn zweimal schriftlich als «unsterblich» gepriesen hat. Thomas Mann selbst hatte leider dieses Glück nicht. Der Verlust des Kurzzeitgedächtnisses hat ihn im achtzigsten Jahr aufs tiefste gedemütigt: Er sei unproduktiv geworden! Er dichtete zwar seinen *Krull* und schrieb die meisterlichen Schiller- und Tschechow-Essays, die er jedoch wie alles «nur» Essayistische als Werk gar nicht ernstnahm. Fassungslos notierte er, Fontane sei mit fast achtzig *Der Stechlin* binnen *eines* Jahres geglückt. Thomas Mann merkte nicht, daß er genau mit diesem Tagebuch, in dem er aufs ergreifendste reflektierte, «nichts mehr» zu können – *das* Alterswerk: seinen *Falstaff* oder *Parsifal* oder *Faust* schrieb, um die er selbstquälerisch Verdi, Wagner und Goethe beneidete, weil er seine Arbeit am *Krull* als angeblich so hoher Jahre «unwürdig» erachtete wie zuletzt sein ganzes Lebenswerk, das er in diesem Tagebuch seines Sterbejahres als «gepflegte Mittelmäßigkeit» denunzierte! Er war sterbebereit, weil er keinen Stoff mehr wußte! Ja, sich *schämte*, keinen mehr zu haben. Ein Altersfoto zeigt ihn in *endgültiger* Verzweiflung.

Gelassenheit erlernt, wer das Stadelheimer Tagebuch Dr.jur. Ludwig Thomas liest, der *Lausbubengeschichten* und *Tante Frieda* und *Wittiber* schrieb und (immerhin) – 1906 verurteilt in Stuttgart – sechs Wochen in München absitzen mußte als Redakteur des «Simplicissimus», wegen Beleidigung eines «Sittlichkeitsvereins»! Freilich, dieser Häftling war privilegiert; die damals liberalen Münchner, die das Gefängnis verwalteten, bis hinab zum Zellenwächter, genierten sich, einen Dr.jur. und als Humorist Berühmten inhaftiert zu haben. Thoma durfte lesen und schreiben, was er wollte, und er schrieb im

Gefängnis, neben diesem Tagebuch, die sehr gute Komödie *Moral*. Er «lachte den Kalk von den Wänden», während er in der Zelle die Zeitungsmeldungen über den Hauptmann von Köpenick las, der das übrigens so fehlerfrei gemacht hatte, daß er unerkannt entkam! Erst als ein ehemaliger Mithäftling ihn denunzierte – schon im Zuchthaus habe Schuster Voigt gesagt, wer ein Ding drehen wolle in Deutschland, müsse das mit dem Militär machen –, kam man auf ihn … Das Wilhelminische Deutschland war immerhin ein relativer – es gibt nur relative – Rechtsstaat. Nur vierzig Jahre noch, doch glaubt man, es seien vierhundert gewesen, bis dann in Stadelheim die Geschwister Scholl geköpft wurden.

Königsliebe oder «Dazugehören» ist alles: Beide kaiserlichen Monarchien, die in Berlin wie die in Wien, haben sich mit einem bedeutenden Autor in die Nachwelt verabschiedet: König Wilhelm von Preußen, seit 1871 Kaiser, wurde 1868 der Vater des Bankiersohnes Harry Kessler. Und der Bruder Kaiser Franz Josephs von Österreich-Ungarn machte 1896 der Südtiroler Baronesse Holenia den Sohn Alexander, der sich Lernet-Holenia nannte: Österreichs namhafter Lyriker nach Trakl und vor Weinheber. «Die Weissagung des Teiresias»; auch der witzigste der Wiener Erzähler neben Roda-Roda.

Es gibt geborene Diaristen, lebenslängliche, die offensichtlich für ihr Journal gelebt, jedenfalls bei hoher Begabung sonst nichts oder, wie Harry Graf Kessler, nichts Nennenswertes geschrieben haben; exemplarisch für sie als Autor blieb aber allein ihr Tagebuch. So das Journal der Hildegard Baronin Spitzemberg, der Vertrauten Bismarcks, der sie Higarchen nannte und bei deren Tochter Johanna Bismarck Patin wurde. Sie schrieb, aber glanzvoll, «nur» Tagebuch. Auch von dieser Geistvollen – Kaulbach der Jüngere malte sie, eines der schönsten Frauenporträts des 19. Jahrhunderts – ist bisher leider nur ein Bruchteil der Journale publiziert worden.

Die interessantesten Tagebücher und Briefe sind von Menschen, die in höchsten Ämtern lange öffentlich gewirkt haben, doch alles Geheime, also Wesentliche allein dem Journal oder Privatkorrespondenzen anvertrauen durften. Gesellschaftliches, auch weitestgehend diskret behandelt, das eine Epoche charakterisiert, schrieben generell Frauen. Männer in Berlin, wie Reichskanzler Bülow oder Geheimrat Holstein im Auswärtigen Amt, haben allerdings auch ebenso den Klatsch geliebt wie alle anderen Menschen und ihn aufgeschrieben – zum Glück, denn «Skandaloses», wie Fürstin Bismarck das nannte und liebte, ist aufschlußreicher für ein Zeitbild als sogar Akten über sogenannte, meist wichtigtuerisch aufgeschönte «Staatsaktionen». Aus dem Zweiten Weltkrieg sind die Journale des höchsten Soldaten Englands neben dem Kriegspremier Churchill, Feldmarschall Lord Alanbrooke, interessanter als Churchills *Geschichte des Zweiten Weltkrieges*, für die er den Nobelpreis erhielt. Daß Alanbrooke als *Sieger* schrieb, beschädigte ihn allerdings entscheidend als Autor: Die britische Zensur ist die strengste; selbst Churchill erhielt listenlange Verbote, wenn er damals Geheimes in seine Geschichte einbauen wollte. Nur die Memoiren und Tagebücher der Besiegten des Hitlerreiches sind vollständig, weil kein Staat mehr da war, der den Autoren das Interessanteste streichen konnte …

Beschämend typisch für das Desinteresse der Deutschen an ihrer Geschichte, daß *The Holstein Papers* 1837–1909, weitaus die interessantesten Aufzeichnungen aus der diplomatischen Sphäre ihrer Zeit, soweit ein Deutscher sie schrieb, zuerst in England erscheinen mußten: in der Cambridge University Press, bis endlich 1957 ein Verlag auch in Deutschland diese unersetzliche politische Chronik druckte – auch stilistisch ein ironisches Meisterwerk. So notierte Holstein einmal über seinen Chef Bismarck: «Deutsch kann er wie keiner – glaubt aber, daß er Französisch kann.»

Wie doch jedermann, sei er auch der subtilste Geist, befangen ist in den Ordnungsprinzipien seiner Zeit! Enttäuschend, daß sogar La Rochefoucauld in seiner «Vorbemerkung an den Leser» ängstlich versichert, daß seine «Maximen nichts anderes sind als ein Abriß einer Moral, die der unserer ehrwürdigen Kirchenväter entspricht, und daß der Verfasser durchaus glauben durfte, nicht fehlgehen zu können, wenn er so Erlauchten nacheifere»! Nur daß sogar ein *Herzog* derartig kuschen mußte vor einem Kardinal, zeigt uns wenigstens annähernd heute noch, daß die Kirche eine Diktatur ausgeübt hatte wie Hitler und Stalin. Ja, unendlich viel *bedrückender*, weil diese zwei – verglichen mit der *Dauer* der kirchlichen Diktatur – nur ganz vorübergehend ihre Völker knechten konnten.

Briefe statt Memoiren: Rolf Lahr, pensionierter Staatssekretär des Auswärtigen, hat vierzig Jahrgänge seiner Privatbriefe als Lebensgeschichte herausgegeben. Der Verlag übertreibt keineswegs, wenn der Klappentext definiert: «Memoiren entstehen im Lichte späterer Erkenntnisse. Dieser Band gibt Situationen, Stimmungen und Urteile der jeweiligen Situation wieder.» Schon der Mut des Briefschreibers ist singulär: Wer sonst gäbe heute noch in Druck, daß er – wie jeder Landsmann – begeistert war über Hitlers Einzug in Wien! Diese höchst rare Ehrlichkeit gibt dem Werk eine Authentizität, fast ohne Beispiel. Wie viele Memoiren, denkt man angesichts dieser klassisch-verschollenen, aber durch Lahr endlich wieder fruchtbar gemachten *Briefform*, werden ruhmlos als aufgeschönt bachab gehen, weil sie nur dafür zeugen, daß sie «der Triumph der Willenskraft über das Gedächtnis» sind. Während unsere Kinder und Enkel, wollen sie die Wahrheit über die Nazi-Zeit und überhaupt erfahren, die dann zweifellos selten gewordenen, später nicht verlogen «aufgeschönten» Briefschaften studieren müssen, die immerhin einige Familien aufbewahren.

Welcher Schändlichkeit macht/machte man sich selber schuldig, wenn sogar ein Großer wie Gottfried Benn zu den Nazis umfiel und noch ein Jahr nachdem Hitler Reichskanzler geworden, also Irrtum über ihn bereits ausgeschlossen war, im Buchhändlerblatt die ausländische Literatur schmähte: «europäische Makulatur», deren Vorbildlichkeit Benn selber groß gemacht hatte? Benns Neid nach Hitlers Krieg, daß Ernst Jünger nie – wie er – Nazi gewesen war, sondern ihnen, die sich ihm andienten, stets die kalte Schulter gezeigt hatte, ja sogar 1939 *Auf den Marmorklippen* schrieb, was todesmutig war, veranlaßte Benn zu giftigen Briefen über Jünger, während er ihm öffentlich doch zum 60. Geburtstag in einem schönen Sechszeiler huldigte … Der Appell Klaus Manns an Benn im Jahr 1933, sich doch mit den Niveaulosen nicht einzulassen – ewig zu bewundern, daß so viel klarer der erst Siebenundzwanzigjährige die Banditen durchschaute als der Siebenundvierzigjährige –, beweist, daß Benns Ansehen als Dichter schon nicht mehr steigerungsfähig war. Warum also schrieb er Werbetexte, die Intellektuellen an «den neuen Staat» zu binden? Wie muß man sich selber in Tun, Reden, auch Schweigen mit Argwohn mißtrauen – wenn *das* sogar Benn zustoßen konnte!

Enkel retten (oder vernichten!) Großeltern für die Kunstgeschichte: Denn in der Kunst wird erst nach fünfzig Jahren – das ist die Wirkungszeit nicht von einer, sondern von anderthalb Generationen – wieder respektiert, manchmal sogar geliebt, was die Vorgänger geschaffen haben, sofern das noch auffindbar ist. Da haben Bücher es schwerer als Bilder, denn die muß man mühsam *lesen!*

Jacob Burckhardt und Thomas Mann haben stets ihr Denken der Kontrolle durch die Umwelt unterworfen und nur solche Gedanken als legitim empfunden, die aus der Natur des Menschen, das heißt auch: aus seiner Geschichte abzuleiten oder an ihr festzumachen sind. Burckhardt schrieb schon als Student: «Ich habe mein Leben lang noch nie philosophisch gedacht und überhaupt noch keinen einzigen Gedanken gehabt, der sich nicht an ein Äußeres angeschlossen hätte. Wo ich nicht von der Anschauung ausgehen kann, da leiste ich nichts. Ich rechne zur Anschauung natürlich auch die geistige, z. B. die historische, welche aus dem Eindruck der Quellen hervorgeht.» Und Thomas Mann arbeitete zeitlebens nach der Maxime: «Man soll sich nichts ausdenken, sondern soll aus den Dingen etwas machen.» Und nach seiner Erfahrung: «Alles (nur) Stoffliche ist langweilig ohne ideelle Transparenz.»

Schon mit sechzig erfährt man, wie wahr Goethes Klage ist: «Das Alter verliert eines der größten Menschenrechte: Es wird nicht mehr von seinesgleichen beurteilt.» So verständlich wie die Bedrückung, die am Vorabend einer Gerichtsverhandlung – die dann ganz harmlos verlief – der sechsundachtzigjährige Cato in dem Seufzer ausdrückte: Es sei immer schwer, sich «gegen eine Generation zu verteidigen, die nicht mit uns gelebt hat»! Diese Angst findet ihre Ergänzung in der Fremdheit, mit der uns das meiste ansieht, was die Generation vor und besonders *nach* unserer gemacht und gedacht hat! Ihre *positive* Kehrseite: die bis zur Identität gesteigerten Intimitäten all dessen, was Generationsgenossen, mehr noch Jahrgänger fühlen und denken und was sie folglich mit uns verbindet; besonders auch, wenn sogar Geographie – örtlich gleiche Herkunft – noch dazu hilft.

Aufstehen, wenn man nachts länger schlaflos liegt, für so eine Notiz, erleichtert das Wiedereinschlafen. Warum? Wer wüßte es! Auskühlen, eine Erfahrung nicht nur in Worte fassen, in so wenige wie möglich, sondern auch *hinschreiben* – wem das je geholfen hat, ruhiger zu werden, soll es weiterempfehlen! Heilsames Paradoxon: Man wird los, was man festgemacht hat – und durch die einem erreichbar endgültige und knappste Formulierung. Das Spontane, am nächsten Tag «ins reine» übertragen, macht's meist umständlicher.

Prokopios gilt als Gründer der Anekdote, aber der war Herodot. Prokopios hat nur als erster Anekdoten von seiner Geschichte – um 550 nach Christus – der Heerzüge des Belisar, der für Kaiser Justinian Perser, Vandalen und Goten bekämpfte, *getrennt*. Prokopios trennte notgedrungen die Anekdoten ab, weil er ihre Veröffentlichung nicht überlebt hätte, so drastisch schildern sie das in seiner offiziellen Geschichte von der Wahrheit verschonte Kaiserpaar. Daß er aus berechtigter Todesangst die Wahrheit in Anekdoten zwar schrieb, aber geheimhielt, bringt der Nachwelt mit der neuen, hier erstmals praktizierten Form die Belehrung, daß in der Kürze nicht nur die Würze, sondern *die* Überlebenschance für den Autor liegt: Wieviel mehr würden die wissenschaftlichen und belletristischen Epiker, deren Beste doch fast alle einen Zentner schrieben, noch gelesen, hätten sie aus ihren Historien, Romanen und Biographien das Pikanteste ins Prägnanteste gesteigert, also zu Anekdoten verkürzt! Verdichtet!

Die Fontaine in Sanssouci: Nicht seine Schlachten – sein Schlößchen, das kleinste, das je ein König baute, macht Friedrich unsterblich, sein Dienst an der Kunst seiner Epoche allein ihn für uns noch lebendig.

Somerset Maugham, auf dessen *Writer's Notebook* Lichtenbergs Bemerkung zutrifft: «Es gibt kein sichereres Kriterion von einem großen Schriftsteller, als wenn sich aus seinen Anmerkungen en passant Bücher machen lassen», Maugham hielt für den bedeutendsten Verlust seines langen Autorenlebens, daß er versäumte, die Gespräche mit den Berühmten der Welt aufzuschreiben, deren er viele gekannt hat.

Beckett, auf meine Frage, wieso er fast akzentfrei deutsch spreche: «Ihren Schopenhauer mußte ich doch im Original lesen!» Mitleid war Becketts stärkster Impetus. Wie oft tröstete er mich beim Frühstück in der Berliner Akademie, während der Proben zu meinem Churchill-Stück *Soldaten* – er probte gleichzeitig *Endspiel*. Er reiste ab, bevor die Berliner Kritik sich wie üblich einen großen Fleischtag mit mir gemacht hatte. Und dankte der Journalistin Mira Avrech «für den Brief mit Artikeln über Hochhuth … Tut mir leid, daß die *Soldaten* durchfielen. Froh, daß ich abreiste, als Hochhuth eingetroffen war» (zur Premiere). Ja, das machte ihn zu dem, den wir liebten: Wann *leidet* schon ein Autor mit einem anderen! Er litt mit, hielt sich selber aber mannhaft zurück, *seinen*

Kummer anderen aufzuhalsen, obgleich er sagte: «Am liebsten würde ich ertrinken.» Und vorbildlich an Mira schrieb: «Deprimierte oder deprimierende Briefe sollten ungeschrieben bleiben, deshalb schließe ich hier.»

Hinter der Grenze, jenseits des Meeres leben immer *auch* Menschen: Daß man ins Ausland gehen muß mit dem, was zu Hause verrissen wird; und daß nichts Theoretisches uns trösten kann, sondern allein, was man am eigenen Leibe erfuhr, lernte ich durch Verrisse meiner Stücke in der Heimat. Und durch ihre zuweilen existenzerhaltend freundliche Aufnahme in der Fremde. Also unbedingt «fremdgehen», wenn zu Hause unerwünscht. Und weitermachen. Wie Goethes Trostwort empfiehlt: «Gegen die Kritik kann man sich weder schützen noch wehren; man muß ihr zum Trutze weitermachen, und das läßt sie sich nach und nach gefallen.»

Schon deshalb, nicht deshalb allein: Nichts schreiben, was nicht auch Ausländer ebenso interessiert wie Landsleute.

Immunisiere dich, ohne ihn zu ignorieren, gegen den Zeitgeist, der fünfzehn, höchstens dreißig Jahre fast ebenso absolut herrscht, wie er dann, auch oft zu Unrecht, wieder abgetan ist. Daß Ideen zuweilen zu Ideologien ausarten und deshalb ganze Zeitalter unterjochen, muß sie noch nicht falsch machen – doch wehe, man gerät derart in ihren Sog, daß man blind wird!

«Gezeichnete» nannte Grosz seine grausam karikierten Zeitgenossen; allein sein Blatt «Kleiner Mann» zeigt einen Redlichen, nicht grotesk Bös-Komischen. Gezeichnete – bin selber einer, seit meiner Fazialislähmung, als ich zwanzig war – durften nicht nur bei Kaiserwahlen im frühen Mittelalter nicht gewählt werden. Das soll so weit gegangen sein, daß man Turniere benutzte, potentiellen Rivalen «aus Versehen» ein Auge auszustechen oder drei Finger abzuhacken, was die dann unwählbar machte. Schon im 3. Mose, ab Kapitel 21, Vers 17, wurde umständlich aufgezählt, welche Vielzahl körperlicher Defekte *ausschließe*, ein Gesalbter zu werden, ein Hohepriester. Ein Gesalbter durfte sich dann nicht einmal «an Vater noch an Mutter unrein machen». Noch einen Toten sehen. Durfte auch keine Fremde, «sondern eine Jungfrau seines Volks soll er zur Frau nehmen, damit er seine Nachkommen nicht entheilige unter seinem Volk». Wer dagegen «einen Fehler» hat, dürfe nicht einmal zum Tische des Herrn zugelassen werden; nicht wer «einen gebrochenen Fuß oder eine gebrochene Hand hat oder bucklig oder verkümmert ist oder wer einen weißen Fleck im Auge hat oder Krätze oder Flechten … oder beschädigte Hoden». Die Zürcher, auf Zwingli zurückgehende Bibel schreibt: «kein Entmannter».

Übrigens ist die Entdeckung, «daß ein Knie ihres eben geborenen Söhnleins steif war, daß sie also dieses unvollkommene Kind nicht in die Schar der Himmlischen einführen könne», nicht nur ein jüdisch-christlicher Tick, sondern schon Hera zieht daraus die barbarische Konsequenz, «das lahme Bein zu fassen und den kleinen Hephaistos vom Himmel hinabzuschleudern» – der dann, gerettet von zwei Ozeantöchtern, sich als der *Künstler und Erfinder* (!) unter den Kindern von Hera und Zeus erweisen wird.

Der Gelähmte – der Geniale. So fraglos nicht jeder Abnorme genial ist, so fraglich, ob's ein Nichtabnormer sein *kann*: zwar unfähig, ein Himmlischer zu werden, doch «an deren Tafel ein stets gern gesehener Gast». Die zwei eminentesten Zeichner ihres Jahrhunderts, Menzel und Toulouse-Lautrec, waren Zwerge, der Deutsche einhundertvierunddreißig Zentimeter «hoch», der Franzose mit verkrüppelten Beinen: «Materialien» zu Goethes abgründiger Erfahrung: «Nur das Unzulängliche ist produktiv.»

Was war unzulänglich an *ihm*?

Goethes abgründige Einsicht mag erklären, was ein Buckel, eine frühempfangene Kränkung, ein Minderwertigkeitskomplex an Bedeutendem hervorbringen können. Zum Beispiel: Wieso konnte Kierkegaard gutheißen, daß Abraham auf dem Berg Morija «das Messer zückte, seinen Sohn zu schlachten»? Hat der sonst so aufsässig-protestantische

Däne dieses hündische Parieren angesichts eines verbrecherischen Auftrags nur gepriesen, weil es bei ihm zu Hause ein ewig verdrängtes, doch zentral glimmendes Familienthema war, daß einst sein Vater als Hütejunge Gott verflucht hat? Und darunter zeitlebens ebenso litt wie unter seiner «Todsünde», als Witwer sein Dienstmädchen geschwängert zu haben, bevor er es heiratete? Wieviel vom Buckel Kierkegaards und der Tatsache, daß er seine Braut Regine sitzenließ, wurde bestimmend für seine Denkweise? Wie steht es um die Verbindlichkeit für andere – bei einem Glauben, einer Philosophie, die auf solchen Traumata basieren?

Ist die Bemerkung eines sadistischen Lübecker Pastors zu einem Schüler vor Mitschülern: «Du stammst aus einer verrotteten Familie!», trennbar von der (sonst unerklärlichen) Tatsache, daß sich dieser Pfarrer mit unverändertem Namen und seiner schnöden Bemerkung nur zehn Jahre später wörtlich gedruckt wiederfanden, ausgerechnet im bedeutendsten Familienroman der Weltliteratur? Und daß es – unvergleichlich in der Geschichte der Epik – ein Jüngling war, der *Buddenbrooks* veröffentlichte, ein *Fünfundzwanzigjähriger*?

Witze sind aufschreibenswert, wenn sie ein Tabu attackieren – Hobelspäne der Aufklärung.

Geistige Hygiene, so nötig wie körperliche, doch keineswegs so oft praktiziert, beginnt damit, das nur Zeitgenössische nicht als Absolutum überzubewerten.

Studenten sind Aktivisten um der Aktivität willen: Keinen geistigen, sondern einen hormonalen Ursprung haben ihre zu «Revolutionen» aufgebauschten Gassenkrawalle; so war das in jedem Jahrhundert.

Es gehört sich heute, es ist modern, das Schicksal abzutun als die faule Ausrede für unsere eigenen Dummheiten – und zugegeben, wir Deutsche haben einen widerlichen Verschleiß mit dieser Ausrede getrieben. Wir machen Gott dafür haftbar, nicht nur, daß es diesen oder jenen Kanzler gibt, sondern auch noch dafür, daß wir den immer wieder wählen! Dennoch bleibt es Tyche oder Tragik, daß etwa die zwei Bomben Elsers und Stauffenbergs zwar fünf oder zehn Umstehenden das Leben genommen haben, Hitler aber nur das Trommelfell; daß dagegen die Gangster, die Präsident Kennedy loswerden wollten, Meisterschützen fanden.

Nichts macht Texte rascher alt als Namen Prominenter, als Geldbeträge, Daten und Kürzel. Fünfzig Jahre nach dem Hitlerkrieg wissen selbst historisch Interessierte kaum mehr, daß PW Prisoner of war, Kriegsgefangener hieß …

Auch für das Gedächtnis der Menschheit ist das Maß seiner Dauer das Gedächtnis des Individuums. Als der momentan vergessene Epiker und Essayist Otto Flake starb – aber sein Roman: *Fortunat* ist einer der größten deutschen; und *Hortense oder Die Rückkehr nach Baden-Baden* das geglückteste Frauenbildnis seit *Effi Briest* –, als Flake 1963 gestorben war, da wurde mir bewußt, daß wahrscheinlich niemals mehr auf dieser Erde ein Mensch sein wird, der so viel lebendiges Wissen über die französische und deutsche Kultur vom 17. bis ans Ende des 19. Jahrhunderts präsent haben kann, wie dieser 1880 zu Metz Geborene, der mit Ernst Robert Curtius, Albert Schweitzer und René Schickele in Straßburg jung gewesen war. Von Nietzsche konnte Flake sagen: «Der idealisiert die Franzosen, ebenso wie die Winckelmann-Deutschen einst die Hellenen idealisiert haben – hat Paris nie betreten.» Sieburg schrieb, in Flakes *Fortunat* lerne man «sogar die Brüder Goncourt noch zu unterscheiden». Wer lebte heute, der *dieses* Wissen hätte! Keiner – aber doch sehr viele, die vieles wissen, was Sieburg und Flake noch nicht wissen konnten. Das Quantum nicht nur der Intelligenz, sondern auch des Wissens bleibt in allen Epochen *konstant*. Auch hinterließ mir Flake in einem Gespräch den Lakonismus: «Man kann alles sagen, denn das Intimste ist das Allgemeinste.»

Caesar erzählt im *Gallischen Krieg*, er habe bei Lyon an der Rhône und bei Basel am Rhein Handelsplätze gegründet, die Urorte der heutigen. Da er am 15. März 44 von opferbereiten Patrioten zur Rettung der Demokratie erstochen werden mußte – vergeblich –, heißt noch heute nach Caesars Nachfolger Augustus das Dörfchen in der Schweiz: Kaiseraugst.

Ich schreibe dies dort im Garten einer Freundin. Das Ausflugsschiff aus Basel macht hier fest; Spuren der Römerbrücke sind gegenüber am deutschen Ufer noch zu sehen. Die Touristen kommen, um das Amphitheater zu bestaunen – mächtige Mauern aus dem 2. Jahrhundert nach Christus. Auf halbkreisförmig ansteigenden 48 Stufen aus rotem Sandstein saßen in der Antike bis zu 8000 Zuschauer – wie lange mußten die reisen, um dorthin zu kommen? Kultureller Ruhm der Römer, immer auch ein Theater erbaut zu haben, wo sie eine Stadt gründeten. Wir heute schließen Theater – werden auch keine Spur Nachwelt haben.

Jugendstil-Lyrik, nun hundert Jahre alt, nicht mehr lesbar! In einem Reclamheft: 28 Autoren, unter ihnen noch heute ehrfurchtgebietende Namen wie Heym und Trakl: Bleibende Lyriker, aber *nicht* in ihren Jugendstil-Ablegern. Der angebetete Poeta laureatus für fünfzig Jahre, George, «der von der dolden vollem seim genascht», scheint solche Gedichte schon als Parodien auf sie und sich geschrieben zu haben: «Leiber wie muscheln, korallene lippen schwimmen und tönen in schwankem palast.» Außer Schwänen und Orchideen gab es damals offenbar keine Tiere, keine Pflanzen, ohne schwellende Lippen keine Frau: Preziösestes Vokabular, immer «schöne» Worte, Gartenlaubenstille und der ewige Friede nur gutartiger Menschen, deren offenbar keiner sich mit so Irdisch-Banalem beschmutzen mußte, wie berufstätig oder krank zu sein … oder gar arm!

Wie konnten diese nie Naiven, stets Gebildeten als Epigonen in corpore *vergessen*: Nur was an der Sprache *neu* ist – Wörter, die erst jetzt geprägt worden sind –, bleibt als die literarische Visitenkarte des Zeitalters. Daher Benn sie alle überlebt. Er brachte medizinisches Vokabular in Gedichte.

Alt muß nicht werden, wer einsieht, daß es nichts – *nichts!* – mit dem Rang eines Buches, eines Urhebers zu tun hat, ob sie «bleiben»: ob sie zu jenen weit weniger noch als *ein* Promille gehören, die eine Generation der nächsten, der übernächsten weitergibt oder gar so ans Herz legt, daß Kinder, Enkel sich aufraffen, ein vierzig, siebzig Jahre «altes» Buch zu lesen. Nicht aus Bosheit, nicht aus Gleichgültigkeit werden die allermeisten Autoren selbst höchsten, ja so nie wieder erreichten Ranges vergessen. Sondern aus dem nur banalen Grund, daß viel zuviel da ist, um tradierbar zu sein. Auch weil jede neue Generation ihre eigenen Autoren will.

Nichts «erschöpfend» – auch den Leser erschöpfend – behandeln, gibt es doch keinen Menschen, keine Probleme, die nicht auch langweilige Seiten haben; nie vergessen, was Walter Muschg, der die *Tragische Literaturgeschichte* schrieb, über den *Stellvertreter* sagte: «Zu komplett, Sie müssen lernen, zu schreiben, wie wir Schweizer den Käse machen: mit Löchern! Unterschätzen Sie die Phantasie der Zuschauer, der Leser nicht – die ergänzt; sie sehen und hören doch, was auf der Bühne, im Buch – ökonomisch! – weggelassen wurde.»

Klassisch ist ein Werk, wenn es alle zum gleichen Thema danach gestalteten überflüssig macht; so *Buddenbrooks* alle Familienromane; so *Im Westen nichts Neues* den namenlos an der Front Verheizten; so Menzels Bilder weitere Darstellungen Friedrichs des Großen.

Darf man, was Jaspers getan hat? Vernichtete sein Nietzsche-Kapitel über dessen direkten Beitrag zur Philosophie der Hitlerbanditen, als die endlich verschwunden waren. Jaspers, seit 1937 verbotener, weil «jüdisch versippter» Autor, hat zuletzt 1936 publizieren dürfen, eben seinen *Nietzsche*, weil der «Kirchenvater der Nazis» war (Flake).

126

Als dann mit der Befreiung durch die Alliierten auch das Jaspers-Kapitel über Nietzsches Maximen zur «Rechtfertigung» der Hitler-Taten hätte gedruckt werden *müssen* –, warf Jaspers es weg, um Nietzsche zu schonen!

Adorno, so eingefleischter Rassist, daß er sich geniert, als Deutscher geboren zu sein, obgleich er schreibt: «Die dialektische Theorie ... kann Aphorismen als solche nicht gelten lassen», druckt trotzdem aphoristisch: «Ein Deutscher ist ein Mensch, der keine Lüge aussprechen kann, ohne sie selbst zu glauben.» Und wieder gegen *die*, also nicht nur gegen einzelne, sondern gegen *die* deutschen Maler; Rassist ist, wer ein Volk oder eine Gruppe im ganzen infamiert: «Im 19. Jahrhundert haben die Deutschen ihren Traum gemalt, und es ist allemal Gemüse daraus geworden. Die Franzosen brauchten nur Gemüse zu malen, und es war schon ein Traum.» Demnach, von Friedrich bis Liebermann, von Blechen bis Corinth, malten die Deutschen «allemal Gemüse»! Adorno, haßblind, übersieht, daß Menzel der erste Impressionist überhaupt war: Er malte 1845 – da war Manet dreizehn – sein Balkonzimmer: Wind, Sonne und eine wehende Gardine im Spiegel, frühestes aller impressionistischen Bilder, *das* Juwel der Nationalgalerie.

Fontane: «Die Juden finanzieren uns die Kultur, und wir Arier finanzieren den Antisemitismus.» Trifft nur deshalb nicht mehr zu, weil wir die Juden ermordet haben.

Wie maßstablos, ja blind wir unsere Zeit, unseren Ort im Gesamtgeschehen, im gegenwärtigen wie historischen, verkennen: «Thukydides von Athen hat in gegenwärtigem Werk den Krieg beschrieben, welchen die Peleponnesier mit den Athenern geführt haben.» Mit diesem Satz beginnt er seine Geschichte dieses siebenundzwanzigjährigen Krieges (431–404) und folgert: «Es war bei weitem die gewaltigste Erschütterung für die Hellenen und einen Teil der Barbaren, ja sozusagen unter den Menschen überhaupt. Denn was davor war und noch früher, das war zwar wegen der Länge der Zeit unmöglich genau zu erforschen; aber aus Zeichen, die sich mir bei der Prüfung im großen und ganzen als verläßlich erwiesen, glaube ich, daß es nicht erheblich war, weder in Kriegen noch sonst.»

Ebenso borniert abschätzig wie der Grieche hinsichtlich der Geschichte war Schiller anläßlich der Geographie; er schreibt an Goethe: «Ich habe mir mit Niebuhrs und Volneys Reise nach Syrien und Ägypten die Zeit vertrieben ... Erst so sieht man, welche Wohltat es ist, in Europa geboren zu sein. Es ist doch wirklich unbegreiflich, daß die belebende Kraft im Menschen nur in einem so kleinen Teil der Welt wirksam ist und jene ungeheuren Völkermassen für die menschliche Perfektibilität ganz und gar nicht zählen. Besonders merkwürdig ist es mir, daß es jenen Nationen und überhaupt allen Nicht–Europäern auf der Erde sowohl an moralischen als auch an ästhetischen Anlagen gänzlich fehlt ... Ich hielt es wirklich für absolut unmöglich, den Stoff zu einem epischen oder tragischen Gedichte in diesen Völkermassen zu finden oder einen solchen dahin zu verlegen.»

So umgebungsblind, so in ihrer Zeit befangen sind demnach, wie wir alle, sogar größte Sterbliche: Für die Maus ist die Katze der Löwe!

Gibt es ein halbes Jahrhundert nachdem die Franzosen ihren Maillol ermordet haben «schon» ein Lexikon, das nicht behauptet, er sei bei einem Autounfall gestorben? Breker erzählte mir, er habe Hitler daran erinnert, daß seit Kriegsbeginn Maillol vermutlich nichts mehr verdienen konnte; so gab Hitler ihm für Maillol zehntausend Mark als Anzahlung auf eine Brunnenfigur. Breker war eine Stunde bei Maillol, als unten geklingelt wurde. Das Haus lag erhöht auf einem Hügel. Ein Radfahrer warf einen Zettel über den Zaun und radelte weg: Maillol schickte das Mädchen, den Zettel zu holen: Es war die Verurteilung Arno Brekers zum Tode; eine halbe Stunde später der gleiche Radler, wieder so ein Zettel: Verurteilung Maillols zum Tode ...

Wie wenig eine glückverdummte Generation, weil in Wohlstand nicht nur aufgewachsen, sondern überhaupt lebend, sich noch vorstellen kann von *der,* die einen Krieg samt Diktator durchzustehen hatte! Die Enkelgeneration macht nun einen Marlene-Dietrich-Film, detailreich, informativ – sehr gut kommt heraus: So mußte der einzige deutsche Weltstar des 20. Jahrhunderts sich in der Emigration behaupten, obgleich Hitler durch Goebbels hatte Marlene zurückholen wollen. Doch am Schluß dann, total weltfremd: Vorwürfe gegen Marlenes Schwester, weil die unweit des KZs Bergen-Belsen eine Kantine betrieben hat, in der natürlich auch KZ-Schinder gegessen haben! Daß es für diese Schwester ebenso wie für ihre noch in Berlin lebende Mutter, Kriegerwitwe von Eduard von Losch aus dem Ersten Weltkrieg, absolut *lebensgefährlich* war, was die Dietrich als Soldatin in der amerikanischen Armee getan hat: Nicht nur das harmlose, aber unsterbliche Hans-Leip-Lied: «Lili Marleen» zu singen, sondern aktiv und vorbildlich Propaganda gegen Hitlerdeutschland zu treiben, kommt der Enkelgeneration gar nicht in den Sinn! Kaum begreiflich, daß die Nazis *nicht* im Geiselverfahren Marlenes Mutter und Schwester «haftbar» gemacht haben: Vermutlich nur, weil sie zu ungebildet waren, zu wissen, daß Frau von Losch Marlenes Mutter war …

Der Maler Ulrich von der Berliner Akademie machte die Erfahrung, bei angeborener starker Begabung sei «alles lehrbar und lernbar, nur nicht: Porträtähnlichkeit. Die bringt einer mit oder kriegt sie nie.»

Warum Schriftsteller einander nie besuchen? Keiner hat die Bücher des anderen gelesen! Noch dümmer als Frauen über Frauen reden Männer – aller Berufe – über Berufskollegen. Manet *schriftlich* an Monet: «Sie sehen doch demnächst Renoir, sagen Sie ihm, er soll's endlich sein lassen, er kann wirklich nicht malen.» Am neidvollsten, der es am wenigsten nötig gehabt hätte, der Gigant: «Lebt man denn, wenn andere leben?» (*West-östlicher Divan,* Buch des Unmuts). Thomas

Mann zitiert's während der Arbeit am *Faustus*, als Hesse ihm sein *Glasperlenspiel* schickt.

Musik ist die Sprache der Wortlosen, doch am Anfang war das Wort: Bemerkung einer Eloquenten, die kein Instrument spielt und nicht wahrhaben will, daß Literatur die Sprache nur einzelner Völker, doch Musik die der Welt ist!

Sogar die Millionärstochter Katia Mann, die sechs Kinder zur Welt und die königliche Mitgift einbrachte, die Villa im Herzogpark zu bauen, hat stets mitgearbeitet: Sie übersetzte Klassiker. Als ich sie fragte: «War das für Ihren Mann nicht lästig, so viele Lesereisen zu machen?», antwortete sie: «Wir brauchten das auch!» Daß die Manns in Kalifornien sogar bauen konnten, kam keineswegs aus Honoraren, sondern von Agnes Meyer und ihrer *Washington Post*. Weitaus die meisten Autoren der Bundesrepublik, die sich pompös «freie» Schriftsteller nennen, leben in Wahrheit von Gehalt und Pension der Gattin.

Antwort des fünfundachtzigjährigen Jaspers, als ich nach Gott fragte: «Wir wissen nur, wir können uns nicht selber gemacht haben.» Heute sprechen Biochemiker von einem multifaktoriellen Zufall. Das höre ich mit Erleichterung, denn gäbe es einen «Schöpfer», wäre der ja auch für Auschwitz haftbar.

Die EU-Gesetze sollen über 2000 Paragraphen zur Ein- und Ausfuhr von Schweinefleisch enthalten. Sie enthalten keinen einzigen zur Kultur.

Erstaunlich, daß – als letzter – noch Hegel, da er gläubig war, Dantes Irrsinn wiederholte: Alle Geschehnisse vor Jesus seien nur Vorbereitungen auf die Weltgeschichte, die erst mit dem Nazarener beginne. Wie kann man heute noch Dantes *Göttliche Komödie* «groß» nennen? Gibt es sonst ein derart von Rachsucht und borniertestem

Christentum geprägtes Buch? Dante verwirft jeden Menschen der Antike deshalb, weil der die christliche Taufe noch nicht empfangen konnte: «Die Not der Menschen, die da unten zittern, verfärbt mir das Gesicht» – so charakterisiert er jene allesamt, die vor Jesus gelebt haben: «Zwar sündigten sie nicht, doch ihr Verdienst genügt nicht, weil ihnen die Taufe fehlt …»

Immerhin: Aus der Zeit der weltlichen Ideologien – Nationalismus, Rassismus, Kommunismus, Faschismus, Panslawismus, Islamismus – gibt es kein literarisches Werk, das je gefeiert wurde wie Dantes – und das sich selbst so endgültig seit der Aufklärung entwertet hat.

Das Gegenteil von Humanität ist der Wahn, Fortschritt, wie er sich etwa in der Medizin oder auch in der Technik unleugbar ablesen läßt, sei zu erwarten auch vom Menschen.

Daß selbst Größte noch als Erfahrene nicht immun sind gegen das Vernebeltsein durch den Zeitgeist! Goethe, der geborene Ketzer, hat es ernst gemeint, als er im *Divan* schrieb: «Alle Epochen, in welchen der Glaube herrscht, unter welcher Gestalt er auch wolle, sind glänzend, herzerhebend und fruchtbar für Mitwelt und Nachwelt. Alle Epochen dagegen, in welchen der Unglaube, in welcher Form es sei, einen kümmerlichen Sieg behauptet, verschwinden in der Nachwelt, weil sich niemand gern mit Erkenntnis des Unfruchtbaren abquälen mag.» Dümmer haben selbst Goethes eine Generation jüngere Zeitgenossen nicht geschwärmt, die Romantiker bei ihrem Rückfall ins glücklich überwunden gewesene Christentum, dem sogar Heine zum Opfer fiel, als er sich taufen ließ.

Niemals ohne Frauen die endgültige Fassung eines Gedichts herstellen.

Tragik der Epigonen in der Kunst: daß jedes Stück jedes Autors seine ihm *allein* gehörende, aus seinem Thema und Personal zu entwickelnde Architektur und Sprache finden muß, ja, mehr noch: daß jedes klassisch gewordene Werk, wie ein Eroberer hinter sich seine Schiffe verbrennt, mit seiner Form in die Hände von Nachahmern ein Dynamit legt, das denen die Hände abreißt, die sich dieser Form glauben bedienen zu können.

Götterdämmerung, Bücherdämmerung: Seit Ghibellinos genialer Entdeckung, die sechsunddddreißigjährige Herzoginmutter habe sich den fünfundzwanzigjährigen *Werther*-Autor genommen – sie herdheiß, da Witwe seit sieben Jahren; sie war die Nichte Friedrichs des Großen, Goethe der Enkel eines Schneiders –, ist «Lotte in Weimar» verjährt: Thomas Mann zeichnet Goethe zu artig-geheimrätlich, zu wenig als Erotiker und *dadurch* Karrierist.

Für meinen Lehrer Otto Flake war *libera et divide* – befreie und teile – die Maxime. Er sah in der Kontrolle der Macht, ja ihrer Zersetzung, eine der Pflichten des Schriftstellers. Seine Quadriga: «Klarheit, Gelassenheit, Sinnlichkeit, Energie.» Noch mit achtzig bin *ich* unfähig zur Gelassenheit – ein Mangel an Niveau.

Autoren, unbedenkliche Diebe, andererseits zuweilen auch hilflose Sklaven der Stoffe, die sie bewältigen wollen, um dann oft genug von denen überwältigt zu werden.

Picassos Erfahrung, Sex und Kunst seien gleichen Ursprungs, belegt auch Rilkes Geliebte Lou-Andreas Salomé: «Gleiche Heimkehr in die erdwarmen Tiefen …, worauf alles Schöpferische überhaupt beruht.» In Manns Gipfelwerk, was die deutsche Sprache, vielleicht dank seiner Ironie, auf die höchste Höhe trieb, in *Wälsungenblut*, sagt der geniale Dreißigjährige: «… ein sehnsüchtiger Einblick, daß das Schöpferische aus der Leidenschaft kam und wieder die Gestalt der Leidenschaft annahm.»

Mitgift der jungen Mädchen nennt Leonardo da Vinci um 1510 die Zeilen, in denen er prophezeit: «Sieht es allerdings so aus, als wollte die Natur das Menschengeschlecht auslöschen, weil es der Welt nichts nützt und alles Erschaffene verdirbt.» *Warum?* Weil Leonardo sich keinen Mann vorstellen konnte, der mit einer schon Gelochten schläft, «selbst wenn die Mädchen reich, vornehm und unglaublich schön sind, wird die Zeit kommen, in der die Väter und Verwandten dieses Mädchens dem einen hohen Preis zahlen, der mit ihnen schlafen will, deren weibliche Jugend vor Wollust und Begierde der Männer nicht genügend beschützt werden konnte, weder durch die Aufsicht der Verwandten noch durch dicke Mauern». Wer las je auf nur wenigen Zeilen den Beleg, daß *Irrsinn*, der in allen Epochen anders aussieht, doch im gleichen Quantum vorhanden, besonders deren Repräsentanten heimsucht. Und dieser als Tugendkommissar Ekelerregendste malte Abendmahl und Mona Lisa ...

Hatten Familien, uralte, endlich einen, der Kunst gekonnt – hörten sie bald auf: Katia Mann achtmal schwanger, zog sechs Kinder auf, doch hatte nur zwei Enkel.

Nachwort

Ich fühle mich Rolf Hochhuth geistig verwandt. Und seine Aphorismen gefallen mir sehr gut. Ich bewundere seine umfassende, seine ungeheure Bildung. In einigen theologischen Fragen allerdings möchte ich eine kleine Korrektur anbringen. Hochhuth schreibt: «Wir wissen, wir können uns nicht selber gemacht haben. Heute sprechen Biochemiker von einem multifaktoriellen Zufall. Das höre ich mit Erleichterung, denn gäbe es einen Schöpfer, wäre der ja auch für Auschwitz haftbar.»

Dazu ist zu sagen: Ein «multifaktorieller Zufall» kann nicht die Ursache des Universums sein. Da ist Albert Einstein schon weiter, wenn er von seinem «verzückten Staunen über die Harmonie der Naturgesetzlichkeit, in der sich eine so erhabene Vernunft offenbart», spricht.

Einen «multifaktoriellen Zufall» als Ursache für die Entstehung des Universums hat schon Charles Darwin widerlegt, wenn er im letzten Satz seines Buches *Über die Entstehung der Arten* feststellt: «Da ist Großartiges in dieser Sicht des Lebens mit seiner vielseitigen Kraft, das am Anfang vom Schöpfer in einige oder in eine einzige Form gehaucht wurde und das – während dieser Planet sich weiter dreht gemäß dem unveränderlichen Gesetz der Schwerkraft – von solch einfachem Beginn nun endlose Formen höchster und wunderbarster Schönheit hervorbrachte und weiter hervorbringt.»

Die Liebe Gottes allerdings hat Darwin nicht erkannt: Das lange und schwere Sterben und der Tod seiner zehnjährigen Tochter Annie stürzten ihn in unüberwindliche Trauer und Gottesferne. Und mit menschlicher Wissenschaft ist die Liebe Gottes nicht zu beweisen. Der Chef der Vatikanischen Sternwarte, der Jesuit Guy Consolmagno SJ, sagte: «Es gibt Wahrheiten, an die sich die Wissenschaft nie annähern wird: die Wahrheiten der Liebe oder der Schönheit. Wir können beschreiben, aber niemals erklären, warum es Schönheit gibt. Warum es Liebe gibt.»

Die schönste Stelle zu dem Thema «Zufall als Ursache des Universums» fand ich bei Xenophon, dem neben Platon berühmtesten Schüler des Sokrates. Xenophon berichtet in seinen Erinnerungen an Sokrates auch das, was er Sokrates über Gott sagen hörte: daß wir Gott selbst nicht zu Gesicht bekommen, sondern daß es uns genügen muß, seine Werke zu sehen. «Auch die Sonne, welche uns allen sichtbar zu sein scheint, läßt es nicht zu, daß die Menschen sie genau sehen können.» Einmal hörte Xenophon ein Gespräch, das Sokrates mit einem Zuhörer über die Frage führte, ob das Weltall durch Zufall oder durch weise Überlegung eines Gottes entstanden ist. Dieser Zuhörer, ein Sokrates-Fan mit Namen Aristodemos, machte sich über die Gottesverehrer lustig und behauptete, er könne Gott weder bewundern noch verehren, denn das Weltall verdanke sich dem Zufall. Darauf sagte Sokrates zu ihm: «Die ungeheuer großen und unzähligen Himmelskörper befinden sich nach deiner Meinung durch einen unverständlichen Zufall in so guter Ordnung?» Aristodemos: «Es scheint mir wirklich so, denn ich sehe den Verursacher nicht.»

Sokrates: «Du siehst ja auch nicht deine Seele, welche die Gebieterin des Körpers ist, also müßte man dementsprechend behaupten, daß du nichts mit Überlegung, sondern alles zufällig tust.» Aristodemos stimmt schließlich Sokrates zu, daß das Weltall von Gott, der die höchste Vernunft besitzt, geschaffen wurde, aber er meint, Gott sei zu erhaben, als daß er sich um jeden einzelnen Menschen kümmerte, und deswegen brauche er ihn auch nicht zu verehren. Sokrates macht ihm dann an vielen Beispielen die Fürsorge Gottes für die Menschen klar und fragt, was Gott eigentlich noch tun müsse, «damit du überzeugt bist, daß er sich um dich kümmert?». Wieso eigentlich sollte er, Aristodemos, in seinem Sich-Kümmern um andere Menschen und in seiner Fürsorglichkeit für sie Gott überlegen sein, während er auf allen anderen Gebieten (z. B. in der Vernunft bei der Ordnung des Weltalls) ihm zugegebenermaßen unterlegen ist? Richtig sei doch wohl vielmehr, daß «Gott so groß und solcher Art ist, dass er sich zugleich um alle Menschen kümmert».

Rolf Hochhuth, selber ein großer Dichter, hat Heinrich Heine hochgeschätzt, aber Heines Beziehung zu Gott nicht vollständig gesehen, wenn er nur seine Taufe erwähnt, die er als junger Mann 1825 vollziehen ließ, um bessere Berufschancen zu haben, und die er bald bereute, denn der Judenfeindlichkeit seitens der Christen entging er durch seine Taufe nicht. Viel später aber ist Heinrich Heine dann wirklich zu Gott heimgekehrt:

Er starb 1856 in seinem Krankenzimmer in Paris. Seit acht Jahren war er an sein Bett, an seine «Matratzengruft», gefesselt. 1851 beschreibt er das langsame Ende seiner Heimsuchung folgendermaßen: Er sei «zu einem spiritualistischen Skelett abgemagert, das jetzt seiner gänzlichen Auflösung entgegenharrt». Und er sei «zu einem persönlichen Gott zurückgekehrt».

Den Anfang dieser Heimkehr schildert er so: «Es war im Mai 1848, an dem Tage, wo ich zum letzten Male ausging, als ich Abschied nahm von den holden Idolen, die ich angebetet in den Zeiten meines Glücks. Nur mit Mühe schleppte ich mich bis zum Louvre, und ich brach fast zusammen, als ich in den erhabenen Saal trat, wo die hochgebenedeite Göttin der Schönheit, Unsere liebe Frau von Milo, auf ihrem Postament steht. Zu ihren Füßen lag ich lange, und ich weinte so heftig, daß sich dessen ein Stein erbarmen mußte. Auch schaute die Göttin mitleidig auf mich herab, doch zugleich so trostlos, als wollte sie sagen: Siehst du denn nicht, daß ich keine Arme habe und also nicht helfen kann?»

«Ja, ich bin zurückgekehrt zu Gott wie der verlorene Sohn», schreibt er weiter. Heine ist jetzt von einem Leben nach dem Tod überzeugt und meint: «Wie sträubt sich unsere Seele gegen den Gedanken des Aufhörens unserer Persönlichkeit, der ewigen Vernichtung … Sei getrost, teurer Leser, es gibt eine Fortdauer nach dem Tod.» Heine widerspricht dem Gerücht, er sei in irgendeine Kirche «oder gar in ihren Schoß» zurückgekehrt. «Ich habe nichts abgeschworen», betont er. Der Horror vor der ewigen Vernichtung sei vielmehr «dem menschlichen Gemüt angeboren».

Und in seinen Aufzeichnungen fügt er mit unbeschädigtem Witz hinzu: «Gott wird mir die Torheiten verzeihen, die ich über ihn vorgebracht, wie ich meinen Gegnern die Torheiten verzeihe, die sie gegen mich geschrieben, obgleich sie geistig so tief unter mir standen, wie ich unter Dir stehe, o mein Gott!.» Soweit Heinrich Heines Heimkehr zu Gott.

Die Fülle von Hochhuths Aphorismen ist so groß, daß ich nicht weiß, wo anfangen, wo aufhören, sein Einfühlungsvermögen zu bewundern. Zum Beispiel dieser Aphorismus: «Da sie einen Garten hatte, brauchte sie keinen Psychiater.» Ja, bei mir sind es die Geranien auf meinem Balkon, die mir vor fast 40 Jahren zwei liebe Freundinnen hinterließen. Und obwohl ich diesen Winter total vergaß, sie zu begießen, sind sie jetzt dabei, sich zu erholen. Und hinter meinem Haus ist ein Kinderspielplatz. Und jeden Tag drehe ich dort elf Runden und unterhalte mich mit den Zwei- und Dreijährigen und bewundere die Winzlinge, die erst einige Wochen alt sind. Und kein Fingernägelchen, kein Augenwimperchen fehlt ihnen. Und alle verstehen schon, was Liebe und Geborgenheit ist, wenn Mama und Papa sie auf den Arm nehmen.

Natürlich, die Frage bleibt: Wo kommt das Böse her? Eins ist mir inzwischen klar: Kinder lernen durch Nachahmung. Die Sprache und das Verhalten der Eltern – oder ihrer Vertreter – ist ihr erstes und grundlegendes Lehrbuch. Daß Papst Benedikt XVI. den Teufelsglauben wieder aktiviert hat und den Teufel als Urheber des Bösen bezeichnet, nachdem der Teufelsaberglaube gerade im Schwinden begriffen war, daß er im Neuen Weltkatechismus von 1992 Nr. 1237 und Nr. 1243 uns belehrt, daß alle Kinder im Mutterleib vom Teufel besessen sind (außer der Jungfrau Maria, die als einzige «unbefleckt» von Erbsünde empfangen wurde) und erst durch die Taufe vom Teufelskind zum Gotteskind würden, daß er jetzt überall wieder Exorzisten einsetzt, ist ein Rückfall in dunkelste Zeiten.

Bei folgendem Aphorismus dachte ich sofort an meine geliebte Mutter: «Ernst Jünger, der hundertdrei wurde, in seiner Dankesrede an seinem Fünfundneunzigsten, er kenne einen Bauern, der noch älter sei, der aber seinem Urenkel auf die Frage: ‹Hast du denn keine Angst vor dem Tod?› geantwortet habe: ‹Doch, natürlich lese ich als erstes jeden Morgen die Todesanzeigen, aber in meinem Alter ist ja überhaupt noch keiner gestorben!›»
Und meine geliebte Mutter sagte, als sie die Todesanzeigen las: «Heute sterben schon Leute, die früher nie gestorben sind.» Ja, genau das denke ich inzwischen jeden Morgen, wenn ich – wie meine Mutter und Ernst Jünger – morgens die Todesanzeigen lese.

Gut gefällt mir auch dieser Aphorismus: «Böse werden meist alt – nicht erst im Alter böse.» Ja, ich beobachte das oft: Viele Menschen werden im Alter besser. Neulich sagte ein lieber Bekannter zu mir, als wir von seiner über neunzigjährigen Mutter sprachen: «Sie wird immer lieber …» Mein Sohn Andreas sagt das inzwischen auch über mich.

Hochhuths politisch-historische Aphorismen sind schon fast eine komplette Weltgeschichte. Und man erkennt, daß er sich Jahrzehnte mit der Geschichte befaßt hat. Viele dieser Aphorismen fand ich überraschend amüsant. Seine Detailkenntnis versetzt mich in Bewunderung. Aber die schweren Enttäuschungen in seinem Leben haben ihm einen tiefen Pessimismus sozusagen einprogrammiert. Wenn er als Quintessenz der

Geschichte schreibt: «Die Geschichte ist noch ekelhafter als grausam», kann ich ihm nicht zustimmen. Durch meine Studien historischer Persönlichkeiten bin ich zu der Überzeugung gekommen, daß es immer einzelne Personen in der Geschichte gab, die Positives erreichen wollten und es auch erreicht haben. Seiner pessimistischen Sicht von Religionen, Ideologien und Institutionen kann ich allerdings nur zustimmen. Denn die Menschen sind in ihrem Kampf für eine gute Sache gefährlicher als in ihren egoistischen Aggressionen. Es werden mehr Menschen auf offenem Schlachtfeld umgebracht als heimtückisch ermordet. Am gefährlichsten sind die Menschen in ihrem Kampf für das höchste Gut, für Gott. Aber einige Menschen, z. B. meine geliebten Eltern, konnten unter eigener Lebensgefahr Positives bewirken gegen Hitler, vor allem, was die Rettung von Juden anbelangt. Oder Rolf Hochhuth: Was er damals mit seinem Theaterstück *Der Stellvertreter* bewirkt und angestoßen hat, wirkt bis heute fort als eine der Grundlagen der Papst- und Kirchenkritik. Und in seiner fundierten historischen Kritik wirkt er wie ein Leuchtturm gegen den Nebel der Geschichtsfälschung.

Uta Ranke-Heinemann